상쾌한 순자
현대인을 꾸짖다

荀子一百句

作者: 東方朔

Copyright @ 2007 by 復旦大學出版社

All rights reserved.

Korean Translation Copyright @ 2011 by Basic Books

Korean edition is published by arrangement with 復旦大學出版社

through EntersKorea Co., Ltd. Seoul.

상쾌한 순자
현대인을 꾸짖다

둥팡쉬 해설 | 이성희 옮김

베이직북스

프롤로그

무릇 경전이란 장중하며 위대한 작품임에 틀림없다. 그러나 평범한 생활 속에서 깊은 인상을 남길 수 있는 책이란 문학연구자들이 백발이 되도록 뜻도 밝혀내지 못한 원전이 아니라,《당시 300수唐詩三百首》나《고문관지古文觀止》처럼 복잡한 내용은 적당히 삭제하고 해설을 첨가한 발췌본일 것이다. 발췌본은 일상생활에 쫓기는 현대인들의 시간을 크게 절약해 줄 수 있다. 출퇴근 시간이나 식사 후 쉬는 시간에도 짬짬이 우리를 깊고 심오한 독서의 세계로 인도해주기 때문이다. 발췌자가 사금싸라기 걸러내듯 정수 중의 정수만을 모아 현대에 필요한 내용을 간추리면 경전은 다시 한 번 농축 정련된다.

많은 현대인은 종종 일상생활에서 탈출할 기회를 찾지 못해 답답해한다. 이런 우리에게 정선된 '100구절' '300구절' 등 발췌 소책자는 영혼의 패스트푸드가 되어줄 수 있다. 물론 사람들은 '패스트푸드'라는 말을 그리 달갑게 여기지 않을 것이다. 하지만, 상다리가 부러지게 차린 산해진미를 음미할 만한 여유가 없다면 패스트푸드도 체력과 정신을 보충해 줄 수 있는 좋은 대용식이 될 수 있다.

최근, 툭하면 '경전'의 명언으로 이야기를 꺼내는 것이 중국사회의 일대 유행이 되었으며, '전통'의 힘을 빌려 전국적인 스타로 떠오른 사람도 여럿이 있다. 그러나 나는 이런 현상들에 대해 시종일관 어떤 주관을 가지고 있는데, 이 자리를 빌려 한 번 이야기해보려 한다.

첫 번째 생각은, 절대 '경전'이라는 이 두 글자를 너무 편협하게 이해하지 말라는 것이다. 어떤 이는 '경전'이란 말만 들어도 머릿속에 유가의 '사서'와 '오경'을 저절로 떠올린다. 중국의 전통을 '유가儒家'와 동일시하고, 경전을 '유교의 경전'으로 오해한 까닭이다.

한편, 어떤 사람은 노자老子나 장자莊子는 경전에 포함해도 된다고 생각한다. 그러나 전자보다는 조금 여유가 있는 듯하지만, 여전히 편협한 범주를 벗어나지 못하고 있다. 경전의 레퍼토리만 조금 바꾸어 '도가道家'에도 경전의 자격을 부여했을 뿐, 아무리

넓게 생각한다 해도 사상가들이 주장하는 '유선儒仙사상이 결합한 고대 사상계'라는 단순명제밖에는 만족하게 해 줄 수 없다.

나는 불교, 도교 및 시詩, 사詞, 가歌, 부賦[중국 고대 문체로 한위육조漢魏六朝 시대에 성행되었고, 운문과 산문의 혼합형식], 희곡 중 수천 년의 연단과 검증을 거쳐 대중에게 그 진가를 인정받은 작품이 있다면, 그 글에 '경전'이란 이름을 부여해도 전혀 상관없다고 생각한다. 사실 툭 터놓고 이야기하자면, 《시경詩經》 중 지난 2천여 년 동안 경전으로 받들어졌던 이 '풍風[《시경》 중 민요부분을 이르는 말]' 역시 창작 당시에는 백성의 민요요 유행가였을 뿐이다. 반면, 당나라 시대의 시, 송나라 시대의 사, 원나라 시대의 잡극雜劇과 산곡散曲도 사람들의 입에 오르내린 지 천여 년이 되었는데, 이들은 '경전'이라고 부르기에는 뭔가 부족하다고 할 수 있을까?

나의 두 번째 생각은 경전의 연구가 물론 문화의 기억을 더듬는 것이요, 역사전통을 계승하는 것이긴 하지만 전통의 핵심적인 의의는 여전히 '전傳함'에 있다는 것이다. '전함'이란 자신의 자원을 발굴해 새로운 해석을 더하고 현재 우리의 문명으로 재건해내는 행위를 말한다. 이미 작고한 미국의 역사가 벤저민 슈워츠Benjamin I. Schwartz 교수 역시 이런 아쉬움을 내비쳤다.

"세계에 현존하는 고대 문명국들은 모두 '자신의 전통을 고수하는 민족주의'를 주장하고 있지만, 유구한 역사를 가진 중국에서만 유독 '자신의 전통을 반대하는 민족주의'가 유행하고 있다. 5·4운동 이래 지금까지 이 반대의 움직임을 멈춘 적이 없다."

상패한 승자, 현대인을 꾸짖다

사실 이 점은 아주 쉽게 이해할 수 있다. 중국은 유구한 전통을 가지고 아시아의 중앙을 제패한 제국이었기에, 서방세계와의 격렬한 충격 속에서 자신의 자부심과 긍지가 전복되자 중심을 잃어버리면서 옛것을 버리고 새것을 받아들이려는 강렬한 충동이 일어난 것이다. 마치 그림자와 달리기하는 사람이 그림자를 벗어나려고 사력을 다해 달리는 것과 같은 이치다. 이때 사람은 긴장과 초조함에 어쩔 줄 몰라 한다. 긴장은 여유와 대범함을 잃어버리게 하며 초조함은 교양과 질서를 생각할 여유를 잃게 한다. 옛것을 버리고 새것을 받아들이려는 사람에게 문화, 역사와 경전은 모두 최첨단 패션의류로 전락해버렸다. 자신감이 부족한 사람은 옷장의 옷을 죄다 입어 봐도 어울리는 옷이라곤 한 벌도 없는 듯 여겨 결국 전부 벗어버리게 된다. 이런 이에게는 쉼과 여유가 있을 수 없다.

어떤 학설에 의하면, 문명은 군집사회에서 사람들이 어떤 질서에 따라 행동하는 것이라고 한다. 이 문명 속에서 '자유'라는 것 역시 내가 있다면 다른 사람이 있고 권리가 있다면 의무가 존재함을 뜻한다. 질서는 일종의 한계가 되기 때문이다. 그래서 리듬에 맞춰 춤을 추듯 발전규칙을 지켜야지, 질서를 무시한 행위, 근시안적인 행위는 모두 비문명적인 것이요, 품격을 상실한 것이 된다. 무엇이 품격일까? 어떻게 하면 품격을 갖출 수 있을까? 그 한 가지 해답이 바로 경전을 많이 읽고 전통을 많이 접촉하는 것이다. 마음속에 몇 천 년의 저력을 간직하고 뱃속에 유익한 책들을 소화하고 있다면 우리는 훨씬 더 자신감을 느끼게 되고, 이 자신감은 여유를 가져다줄 것이다.

'전통'은 살아있는 것이지 죽은 것이 아니다. 제로슬라브 펠리컨Jaroslav Peliken의 《전통의 옹호The Vindication of Tradition》에서는 "전통은 죽은 자의 살아있는 신념이지만, 전통주의는 살아있는 자의 죽은 신념이다."라고 말하고 있다. 폐부를 찌르는 말이다. 우리는 전통을 떠나서는 절대 새로운 길을 개척할 수 없기에 '역사를 무無로 돌리려는 환상'은 전혀 현실적이지 않다. 그러나 과거를 돌이켜보면, 이 '신념'을 고집스레 지키려는 생각도 자연히 사라지게 된다. 나는 현재의 언어 환경 속에서 새롭게 경전을 읽는 것이 어쩌면 전통을 창조적으로 해석하는 새로운 방법이 될 것이라고 여기고 있다.

'해석'이라는 이 두 글자가 상당히 무겁게 여겨지는 것은 사실이다. '해석'이란 본문의 옛 뜻을 벗어나지 않는 한도 안에서 경전의 새로운 가치를 밝혀낸다는 것이며, 옛것과 새것이 함께 공존하는 가운데서 경전을 전수하고 전통을 계승한다는 것을 의미한다. 그러므로 '경전을 어떻게 새롭게 해석하느냐? 어떻게 현실 생활과 공감대를 형성하느냐?'라는 크나큰 문제가 된다. 이 책을 함께 저술한 작가 여럿은 나보다 연하인 학계의 동료들이지만 진정한 전문가라고 할 수 있다. 그들이 설령 오늘날의 해석자들처럼 상당한 지식을 가지고 '경전'이라는 최신 유행의상을 만들어내는 것은 아니라고 하더라도, 경전이란 재료를 가지고 원전의 신선한 맛을 살리면서도 창조적인 정신을 소유한 맛좋은 요리를 만들어 낼 수 있으리라고 나는 굳게 믿는다.

어떤 이는 한 시대에는 방대한 지식을 소유하고, 자신의 전통을 깊이 신뢰하며 세계를 담담하게 직시할 수 있는 일단의 지성인들이 필요하다고 말한다. 그들로 경전과 전통을 재해석하고 이 시대의 지식과 사상에 새로운 트렌드와 즐거움을 더해주도록 말이다. 그렇게 할 때만이 그들이 기꺼이 믿는 전통, 그들이 존중하는 경전, 그들이 해석하는 세계의 언어와 어휘, 그들의 질서감과 교양, 심지어 그들의 옷차림, 말투, 흥미, 애호가 어우러져 이 시대의 깊이 있고 보편적인 문명이 탄생할 수 있기 때문이다.

나는 그렇게 믿고 있다.

2012년 5월 13일
상하이 푸단復旦대학에서

목차

상패한 순자, 현대인을 꾸짖다

3장 순자, 참사람으로 이끌다

상쾌한 순자, 현대인을 꾸짖다

순자,
배움을 권하다

상패한 승자
현대인을 꾸짖다

▌ 배움은 죽을 때까지 ▐

배우며 도를 구하는 일은 생이 다하기까지 멈출 수 없다.

學不可以已

"배우며 도를 구하는 일은 생이 다하기까지 멈출 수 없다. 學不可以已"라는 말은 《순자》의 첫 편인 〈권학勸學〉의 첫머리에 나오는 첫 번째 어구로, 사람으로 태어난 이상 배우며 도를 추구하는 삶은 멈춤이 없다는 뜻이다. 그러나 이 말은 우리가 평소 말하는 '인생은 죽을 때까지 공부하는 것'이라는 말처럼 들려 심오한 사상이 없는 통속적인 뉘앙스를 풍길 뿐 아니라 다른 사람을 가르치려는 근엄함마저 느끼게 한다.

《논어》를 알고 있는 사람이라면 논어의 첫 편인 〈학이學而〉의 첫 구절이 "배우며 때때로 익히니 즐겁지 아니한가? 學而時習之, 不亦說(悅)乎?"였음을 기억할 것이다. 우연의 일치든지 아니면 특별한 목적이 있었든지 간에, 이 사실은 공자부터 순자까지 유가란 본래 배움을 극진히 중시했다는 점을 알려준다.

둘 사이에 다른 점을 굳이 찾자면 공자는 배움과 즐거움을 매우 밀접하게 연관시켜 생각했고, 순자는 근본적으로 '배움은 즐거움을 가져다주고, 배움이 즐겁기에 배운다'는 생각을 반대하진 않았지만 즐거움보다 배움에 더 비중을 두었고, 더 엄격하고 진지하게 생각했다.

또 사람들은 《논어》 각 편의 편명은 실제적인 뜻이 없는 반면, 《순자》의 편명은 실제적인 뜻을 가진다고 말할지도 모른다.

《순자》는 총 32편으로 구성되어 있으며, 각 편의 이름 중에는 실제적인 뜻이 없는 것도 있다. 예를 들어, 〈중니仲尼〉, 〈애공哀公〉, 〈요문堯問〉, 〈유좌宥坐〉 등은 《논어》와 마찬가지로 각 편 첫 구절의 처음 두 글자를 제목으로 두고 있다. 그러나 《순자》의 절대다수의 편명은 모두 실제적인 뜻을 가지고 있으며, 《논어》, 《맹자》의 편명과는 확실히 차이점이 있다.

그렇다면 순자는 왜 이렇게 배움을 중시했을까? 이러한 질문에 누구나 고개를 갸웃거릴 것이다. 왜냐하면 대부분의 지혜로운 현인들은 모두 배움의 중요성을 강조했기 때문이며, 그 중에 차이점이 있다면 배움의 방식, 방법과 방향 등에서 강조점이 달랐을 뿐이다.

좀 더 학문적인 이야기를 하자면, "학문을 구하는 사람은 욕망과 허위가 날이 갈수록 늘어가고, 도를 구하는 사람은 욕망과 허위가 날이 갈수록 줄어든다. 爲學日益, 爲道日損"고 주장하며, "갓난아기와 같은 마음으로 돌아가라. 復歸嬰兒"고 하던 노자 역시 '도를 행하는 방법'을 '배우라'고 사람들을 가르치지 않았던가?

반면 같은 유가라도 맹자는 인성이 선하다고 생각했기에 그의 '배움'은 주로 내적 수양에 치중했다. 그래서 "학문의 길은 다른 것이 없으며, 자신의 잃어버린 마음을 찾는 것뿐이다. 學問之道無他, 求其放心而已矣"라고 말했다.

어떻게 하면 잃어버린 마음을 찾을 수 있을까? 간단하게 말하자면 내적인 수양에 힘써, 지금까지 자신의 삶을 돌아보았을 때 진실해야 하며, 자신의 어진 마음과 선한 본성이 상처받지 않고 더욱 빛나도록 해야 한다는 것이다.

이것이 바로 공자가 말한 "내가 인을 행하고자 하면 이 곳에 인이 달려올 것이다. 我欲仁, 斯仁至矣"라는 사상의 확장이다.

하지만 맹자는 내적인 수양에 너무 집착한 나머지, '존심存心'과 '구방심求放心'을 도덕 수양의 유일한 '배움'으로 여겼다. 여기서 존심은 헛된 욕망에 의해 인의의 본심을 잃지 말고 항상 그 본연의 마음 자세를 지니라는 뜻이고, 구방심은 잃어버린 마음을 찾는 것을 말한다.

그래서 자신도 모르는 사이에 공자가 강조한 '예와 의를 배움'이라든가 '새와 동물, 풀과 나무의 이름 하나하나를 알아나가는 배움' 등은 간과해 버리고 말았다.

순자는 맹자의 이런 생각에는 당연히 동의하지 않았다. 순자는 사람의 본성은 악하며 이런 악한 본성은 예와 의, 스승의 법도를 본받음을 통해서만 교화가 가능하고, 인성도 도덕적으로 변화시킬 수 있다고 여겼다. 또한 이런 교화 과정은 근본적으로는 외부를 향한 배움의 과정이라고 할 수 있다.

그러므로 순자는 폭넓은 교육이 악한 사람을 선하게 변화시켜줄 수 있을 뿐 아니라 시야를 넓혀주고 지식을 증대시키며, 개인의 재능을 향상시켜주어 인생에서 실수를 범하지 않도록 도와준다고 여겼다. "익히 알고 있으면 행동에 실수가 없어진다. 知明而行無過"《순자·권학》라는 순자의 말은 바로 이런 뜻이다.

이러한 관점에서 바라볼 때, 순자가 배움을 중시한 이유는 배우지 않고 본성대로 함부로 살아가는 인간의 삶은 금수와 다름없기 때문이다. 그와 반대로 진정한 지식을 부단히 쌓아나가며, 실천에 노력을 기울이고 끝까지 이 일을 계속해 나간다면 사람은 진정 도덕적이고 인격적인 존재로 성장할 수 있을 것이다. 그러므로 순자는 말한다.

(힘써 배움을 구하는 사람은) 배움의 도에 들어가니 배움이란 생명이 다해야 끝나는 것이다. 학문의 과목 종류에는 끝이 있다 해도 배움의 의의로 볼 때 배움은 잠시도 중단될 수 없다. 배우면 사람이 되지만 이를 버리면 금수에 불과한 것이다.

學至乎沒而後止也. 故學數有終, 若其義則不可須臾舍也. 爲之, 人也. 舍之, 禽獸也. ─《순자·권학》

상쾌한 순자, 현대인을 꾸짖다

우리가 멍하니 있는 사이에, 선진先秦 시대에 사람과 짐승을 구별하는 방법은 이렇게 또 하나가 늘고 말았다. 이 점만 보더라도 우리는 왜 순자가 얼굴에 잔뜩 인상을 쓰고 배움의 중요성을 그렇게 강조하는지, 그 이유를 충분히 이해할 수 있을 것이다.

【원문】

學不可以已. 〈권학〉

眞積力久則入. 〈권학〉

學者, 固學爲聖人也, 非特學爲無方之民也. 〈예론〉

• 주: 이 책의 원문 번역은 리디성 선생의 《순자집석》을 참고로 했다.

【해석】

배우며 도를 구하는 일은 생이 다하기까지 멈출 수 없다. 〈권학〉

진실하게 학업을 연마하고 꾸준히 실천하면 성역에 앞서 들어갈 수 있다. 〈권학〉

배움이란 본래 성인이 되기 위해 필요한 것이지, 예의에 어긋나 바른 길을 벗어난 사람이 되기 위해 필요한 것이 아니다. 〈예론〉

【 순자의 신체 윤리학 】

군자는 비록 가난하더라도 원대한 뜻을 품어야 한다.

君子貧窮而志廣

'신체 윤리학'이란 본래 그렇게 복잡한 것이 아니다. 간단하게 말하자면 손을 들고 발을 움직이는 등의 개인적인 신체활동, 말과 행동, 처신 등은 모두 의식적이든 무의식적이든 간에 사회 혹은 시대의 특정한 내용과 의미를 표현한다는 것이다. 이에 대해 프랑스의 철학자인 모리스 메를로퐁티Maurice Merleau-Ponty는 이렇게 말했다.

우리의 신체는 모든 공간 중에서 표현력만을 가진 공간이 아니다. 구성된 신체가 바로 그 공간에 있다. 이 공간은 모든 다른 공간의 기원이며, 운동 그 자체를 표현한다. 신체가 한 지점에 의미를 부여하고 그 의미를 외부로 투영하며 신체가 의미를 물체로 간주해 우리의 손 아래 혹은 우리의 눈 아래에 존재하도록 한다. 우리의 신체는 동물과는 달리, 출생과 함께 정해진 본능을 우리에게 강요하지는 않지만 적어도 우리 생명에 보편적인 형식을 부여해 우리 개인이 확고한 개성 속에서 자신의 행위를 지속해나가도록 한다. 신체는 우리가 한 세계를 소유하는 방식이다.

—《지각의 현상학》, 청아출판사

확실히 신체는 언제나 '나'에 속해 있지만, 이 사실이 우리가 자신의 신체를 마음대로 제어할 수 있음을 의미하는 것은 아니다. 또, 영혼과 육체, 정신과 신체에 관련해 이것이 아니면 저것이라는 이원론적인 구분을 할 수 있는 것도 아니다. 신체에 대한 관념은 오히려 사회의 사상, 도덕관념 혹은 제도 및 법제 등과 더 많은 관련이 있다고 말하는 편이 정확하다. 모리스 메를로퐁티에게 있어서는 신체야말로 의미가 발생하는 고리요 장소가 된다.

전통적인 유가 사상 중에서 맹자는 이런 말을 했다.

군자의 본성은 (뜻을 얻었을 때 함부로 교만해서는 안 되며 곤궁하여 뜻을 잃었을 때에도 자책과 열등감에 빠져서는 안 된다. 이는 본분이 이미 확정된 까닭이다.) 어짊, 의와 예의와 지혜를 마음에 단단히 뿌리박아야 하며, 이로 생겨난 기색은 순수하고 윤택하며, 얼굴에 표현될 뿐 아니라 몸에도 충만하여 사지에까지 뻗어나가야 한다. 이렇게 하면 사지는 사람의 명령을 받지 않더라도 어떤 행동을 취해야 할지 저절로 알게 된다.

君子所性, 仁義禮智根於心. 其生色也, 睟然見於面, 盎於背, 施
於四體, 四體不言而喻.

이 말은 행위를 실천하는 신체윤리학을 가장 잘 표현한 말인
듯싶다. 그러나 순자는 군자의 학문이 '신체를 아름답게 드러나
도록 하는 것'을 최고의 목표로 삼는다면, 신체의 아름다움이란
자연히 신체가 드러내는 태도 및 행동이 되어야지 결코 입으로
하는 말과 귀로 듣는 지식에 그쳐서는 안 된다고 여겼다. 다른 말
로 하자면, 진정으로 덕을 이룬 학문이란 반드시 귀를 기울여 듣
고 마음에 잘 새기며 사지와 백체의 행동으로 나타나야만 한다
는 것이다. 즉, 한 사람의 일거일동은 모두 기품 있는 모습과 태
도를 갖추어야 한다는 뜻이다.

그러나 '기품 있는 모습과 태도'란 순자가 하고 싶은 이야기 중
한 부분에 불과할 뿐이지 순자 사상의 핵심을 100% 완벽하게 드
러낸 것은 아니다. 사지와 백체의 기품 있는 모습과 태도란 개인
이 사회생활과 인간관계 중에서 표현하는 공경과 위엄일 뿐이기
때문이다.

어떤 면에서 기품 있는 모습과 태도는 개인의 주관성에서 비롯
되기 때문에 객관성과는 무관하다고 할 수 있다. 다른 면에서는
이런 모습과 태도가 예의에 포함된 적이 없기에, 보편성을 갖지
않는다. 이는 순자가 도덕수양이란 반드시 '일거일동에 항상 기
품 있는 모습과 태도'로 나타나야 한다고 강조하고 이를 매우 중

시하긴 했지만, '사소한 행동 하나까지도 사람들의 귀감이 될 수 있다'는 것이 바로 순자의 핵심어요, 최종결론임을 의미한다.

달리 말하자면, 순자의 참뜻은 한 사람의 도덕수양이 완전히 주관적인 자발성에서 비롯되어 사지와 백체에 표현되었다 하더라도 이를 판단할 기준인 외재적인 예의가 없다면, 사지의 움직임이 모범이 될 만한 것인지 아니면 무지하고 답답한 것인지, 덕스러운 것인지 아니면 사악한 것인지 실제로는 알 길이 없다는 것이다.

순자의 주장에 의하면 마음씀씀이와 표정 등 신체활동은 비록 덕이 있는 사람이 가진 덕성의 외재화된 표현이지만 이 표현만으로는 진정한 덕행을 성취하기에는 부족하다. 사람의 신체적인 활동 중에 모종의 형식화, 객관화된 표준을 '읽어내는 것'이야말로 순자가 특별히 관심을 가진 부분이라고 할 수 있다.

君子之學也, 入乎耳, 著乎心, 布乎四體, 形乎動靜, 端而言,
蝡而動, 一可以爲法則. 〈권학〉

君子貧窮而志廣, 富貴而體恭, 安燕而氣血不惰, 勞倦而容貌
不枯, 怒不過奪, 喜不過予. 〈수신〉

【 해 석 】

군자의 학문은 유익한 내용이 귀로 들어가 마음에 새겨지며 일거일동에
기품 있는 모습과 태도로 나타난다. 그러므로 군자의 평상시의 말 한 마디,
사소한 행동 하나까지도 사람들의 귀감이 될 수 있다. 〈권학〉

군자는 비록 가난하더라도 원대한 뜻을 품어야 한다. 비록 부귀하더라도
공손하고 겸손해야 한다. 여유로운 삶 가운데서도 태만하거나 게을러서는
안 되며, 힘들고 피곤할 때에도 무기력한 모습을 보여서는 안 된다. 화를
내더라도 타인을 과하게 벌해서는 안 되며, 기쁠 때에도 타인을 과하게 상
주어서는 안 된다. 〈수신〉

◀ 사색과 공상의 사이에서 ▶

**나는 하루 종일 사색을 거듭하기도 하지만,
그 유익은 잠시 공부해서 얻은 유익만 못하다.**

吾嘗終日而思矣, 不如須臾之所學也

공부를 할 때 부딪힐 수 있는 문제점은 두 가지다. 하나는 지식은 습득하지만 사색을 하지 않는 것이고, 또 하나는 사색은 하지만 지식을 습득하지 않는 것이다. '공부는 하지만 사색을 하지 않는 사람'은 걸어 다니는 '도서관'이 되기 십상이다. '사색은 하지만 공부를 하지 않는 사람'의 생각은 비현실적인 사색과 공상에 그치기 쉽다.

중국에서는 이런 뉴스가 보도된 적이 있다. 한 승객이 항공권 한 장을 구매했는데 탑승 시에 승무원으로부터 티켓이 중복 예매되었기 때문에 예매가 무효 처리되었다는 통보를 받았다. 탑승객 입장에서는 기가 막힌 일이었다. 한편 공항에 파견된 항공사 직원의 설명은 이랬다고 한다.

25
1장·순자, 배움을 권하다

"일부 승객들이 항공권을 구매하고도 실제 탑승을 하지 않는 사례가 종종 발생하기 때문에 항공기의 탑승률이 저조해질 수밖에 없습니다. 항공사는 여객기의 경영 효율을 높이기 위해 최근 해외에서 최신 관리기술을 도입해 일부 좌석티켓을 재판매하고 있습니다. 손님께서 오늘 탑승이 불가능한 이유는 손님의 항공권 좌석에 다른 승객이 이미 탑승하셨기 때문입니다."

실제로 발생했다는 이 이야기를 들으며 중국 국내 모 항공사의 항공권 판매방식에 기가 막혀 혀를 찰 수밖에 없었다.

무엇인가를 배워서 해보겠다는 생각은 높이 살 만하지만 공부만 하고 생각은 전혀 하지 않는다면, 또 이 사람 저 사람의 말만 믿고 흉내만 내려 한다면, 타인과 나에게 초래되는 해악은 심각할 것이다.

또 다른 문제점은 사색은 하지만 지식은 습득하지 않는 것이다. 어떤 사람은 하루 종일 깊은 생각에 빠져들기 좋아한다. 문을 닫고 고요히 정좌하고 있는 모습은 가슴에 학문을 가득 담고 전장에 가지 않아도 전장을 지휘할 지혜가 번득일 듯한 모양새다. 그러나 천지가 얼마나 드넓은지, 지식의 세계가 얼마나 무궁무진한지를 모른다면 그는 자기 안으로만 파고들어 허황된 자기 생각의 세계 속에서 허우적거릴 것이 뻔하다.

순자는 특별히 자기 폐쇄적이 되어 꽉 막힌 '폐약閉約', 전혀 이해를 하지 못하는 '무해無解'의 병폐를 경계했다.

순자는 군자, 성인이란 천성적으로 초인의 지혜를 가진 사람이라고 보지 않았다. 그들이 군자나 성인이 될 수 있었던 까닭은 하루 종일 집안에만 틀어박혀 욕구를 힘겹게 참으며 억지로 견뎌낸 때문이 아니며, 마음을 맑게 하기 위해 정좌에만 힘을 기울인 것 때문도 아니었다. 완전히 후천적인 공부와 지식의 축적, 수양에 힘을 썼기 때문이었다.

사실 순자의 이 말은 맹자의 사상에 대한 비판을 함축하고 있다. 맹자는 모든 사람은 누구나 '배우지 않고도 알 수 있고, 생각하지 않고도 행할 수 있는' 훌륭한 지혜와 능력이 있어 단지 내적인 노력을 기울여 이 훌륭한 지혜와 능력을 확장시키기만 하면 성인과 현인의 경지에 오를 수 있다고 여겼다. 그래서 맹자는 이렇게 말했다.

"마음이라는 기관의 기능은 사고다. 사고할 때 원하는 바를 얻을 수 있고 사고하지 않을 때 원하는 것을 얻을 수 없다. 心之官則思, 思則得之"

"나에게 만물은 모두 준비되어 있다. 자신을 돌이켜 반문했을 때 솔직하고 거짓이 없는 것이 인생의 가장 큰 즐거움이다. 萬物皆備於我, 反身而誠, 樂莫大焉"

맹자가 말한 '사고, 생각'이란 내적인 사색, 즉 자신을 돌아보는 사색이며, 인간에게 내재한 본심을 갈고 닦는 것이지 외재하는 지식의 습득을 말하는 것이 아니다. 맹자의 사고를 따라가다 보면 도리는 저절로 드러나게 된다.

하지만 맹자와 순자 두 사람은 사람의 마음, 사람의 본성에 대해 서로 다른 관점을 가지고 있기 때문에 덕성을 이루는 방법과 경로에 있어서도 사뭇 다른 양상을 보인다.

그러므로 순자가 볼 때 맹자의 이런 내적인 노력은 '하루 종일 사색만 거듭하는' 별 쓸모없는 '사색'으로, 지식의 증가 혹은 인격의 양성에 전혀 도움이 되지 않으며 비현실적인 생각과 공상에 그치게 된다.

유학 중심적 학파의 '사색하지만 지식을 습득하지 않는' 사상은 송, 명 시기에 큰 발전을 이루게 된다. 그러나 유학의 이론과 의미가 양 미간 사이의 깨달음으로 고착된 이후로 유학은 자신을 이루고 사물을 이루는, 광대하면서도 정밀한 특성을 다소간 상실하게 되었다.

어찌되었든 간에 바로 이 점에서 순자가 유학에 세운 공로를 알 수 있을 것이다.

吾嘗終日而思矣, 不如須臾之所學也; 吾嘗跂而望矣, 不如登
高之博見也. 登高而招, 臂非加長也, 而見者遠; 順風而呼,
聲非加疾也, 而聞者彰. 假輿馬者, 非利足也, 而致千里; 假
舟楫者, 非能水也, 而絶江河. 君子生非異也, 善假於物也.
〈권학〉

【해석】

나는 하루 종일 사색을 거듭하기도 하지만, 그 유익은 잠시 동안 공부해서
얻은 유익만 못하다. 나는 발꿈치를 치켜들고 저 먼 곳을 조망하기도 하지
만 높은 산에 올라가 보는 것만큼 멀리 보지 못한다. 높은 곳에 올라 손을
흔들면 팔이 절대 길어지지는 않겠지만 멀리 있는 사람을 볼 수 있다. 바람
의 방향에 따라 소리를 치면 소리가 커지는 것은 아니지만 듣는 사람은 더
잘 들을 수 있다. 마차와 말의 힘을 빌려 출행하는 사람은 두 발로 걷는 것
만큼 길을 잘 걷지는 못하지만 하루에 천리를 갈 수 있다. 배와 노를 의지
해 여행을 하는 사람은 헤엄을 칠 수 있는 것은 아니지만 강을 건널 수 있
다. 군자의 본성은 일반인과 다를 바 없다. 다만 객관적인 사물의 힘을 빌
리는 데 능할 뿐이다. 〈권학〉

▌ 왜 도덕적이어야 하는가? ▐

**고대의 학자는 덕행을 연마하기 위해 공부했으나
현대의 학자는 남들에게 자랑하기 위해 공부한다.**

古之學者爲己, 今之學者爲人

'옛날'과 '오늘'의 차이는 자연적인 시간의 의미만은 아니며, 이 차이에는 매우 풍부하고도 복잡한 내용이 포함되어 있다. 사람들은 종종 오늘날의 가치판단을 기준으로 과거의 가치판단 기준을 평가하곤 하는데 이런 관념을 '시대정신과 함께 하는 것'이라고 여긴다.

그러나 가치평가의 의미로 볼 때, '시대정신과 함께 한다'라는 개념이 언제 어디서나 다 좋은 뜻은 아니다. 마치 '보수'라는 단어가 본래 좋고 나쁨의 개념이 없는 중립적인 언어인 것처럼 우리도 보수적이라고 하기만 하면 전부 '낙오자'인 것처럼 질타할 이유가 없다. 일정수준의 도덕 가치관을 지킨다는 것과 일정한 사회조직 형식과 사회의 정치구조를 지킨다는 것은 매우 다른 의미이기 때문이다.

이 원리에 따르면 우리는 고루하고 케케묵은 노인네를 바라보는 눈빛으로 '옛날'이라는 글자를 대하지 않고, '옛날'을 어떤 형식을 포함한 가치관으로 본다면 이런 '옛날'을 우리는 정말로 세심하게 살펴보아야 하며 심지어 어떤 의미에서는 보호까지 필요할 수 있다.

사람들이 도덕을 강조하는 현상을 예로 들자면, 대개 사람이라면 누구나 도덕을 중시해야 한다고 여길 것이다. 그러나 만일 도덕을 중시해야 하는 이유가 무엇이냐고 묻는다면 우리는 순간적으로 분명한 대답을 하기가 매우 어려울 것이다.

그래서 "왜 반드시 도덕이 있어야 하는가?"라는 이 문제는 현대 도덕철학 중에서도 가장 궁극적인 문제가 되었다. 이 문제는 또 다른 말로 표현하자면, "우리는 모든 사람이 왜 선량해야 하며 규칙에 정확하게 부합하는 일만 해야 하고, 왜 나쁜 사람의 나쁜 짓거리는 해서는 안 되는가를 설명할 확실한 이유를 찾을 수 있는가?"가 될 것이다.

어쩌면 종교 신앙을 가진 사람에게 있어 이 문제의 대답은 매우 간단할 것이다. 석가, 하나님 혹은 내세의 소망에 부끄럽지 않기 위해, 우리는 도덕적인 일을 할 이유가 있다고 말이다. 그러나 종교가 없는 사람들이라면 이 질문을 받는 순간 막막함과 답답함을 느낄 것이다.

사실상, 대다수의 현대인들에게 있어 도덕을 중요시하는 현상은 대부분 외적인 주변의 평가와 개인적인 이익에 대한 고려에서 출발한다. 즉, 우리가 일상생활에서 좋은 일을 많이 하고 나쁜 일을 하지 않으면 결과적으로 각 개인의 이익에 더욱 부합하게 될 것이다. 예를 들어, 어떤 아파트에서 주민들이 모두 아파트의 규칙을 자발적으로 지켜 도둑질이나 거짓말, 사기 행위를 하지 않는다면, 아파트 내의 각 주민은 모두 이를 통해 이익을 얻게 될 것이다.

그러므로 각 사람이 도덕적인 일을 하고 부도덕한 일을 하지 않을 때에는 각자의 개인적인 이익 고려가 잠재적으로 포함되어 있다. 만일 사람들이 모두 부도덕한 일을 한다면 결과적으로 각 사람 모두에게 손해를 초래할 것이기 때문이다.

우리는 현대인들이 이러한 사고방식을 가지게 된 이유가 없다고는 말하지 않는다. 하지만 논리적인 추리 능력을 그리 많이 사용하지 않더라도, 현대인들이 강조하는 도덕은 이미 일정 정도 개인적인 이익을 실현하는 도구로 변모되었다. 도덕이 가치가 있는 이유는 사람들에게 더욱 큰 이익을 가져다주기 때문이며, 도덕적인 행동이란 하기 싫지만 어쩔 수 없이 하는 일이다. 이것은 존 롤즈John Rowls가 왜 '가치에 우선하는 것에 대해' 말했는지, 그가 정확히 밝히지 않은 이유 중의 하나일 것이다.

도덕을 중시하는 현상이 도덕 자체 때문이 아니라 다른 목적 때문에 일어났으며, 이 현상이 현대인의 기본적인 특징이라고 한다면, 어찌 되었든 간에 순자의 입장에서는 이 사실을 인정하기

힘들 것이다. 선진 시대의 유가 사상 중에서 현대인들에게 가장 쉽게 받아들여질 수 있는 사상이 순자의 도덕 이론일 테지만, 그렇다 하더라도 순자 역시 도덕을 강조하는 목적이 개인의 이익 증대 때문이라고 여기지는 않을 것이다.

《순자》는 책 첫머리에서 요지를 정확하게 지적한다.

"배움의 목적은 선비가 되는 것을 시작으로 하여, 성인이 되는 것을 마침으로 삼는다. 始乎爲士, 終乎爲聖人"

선비, 군자, 성인이 한 말은 도덕적인 인격을 배양해주며, 이것이 추구하는 핵심은 개인의 이익이 아니라 아름답고 의미 있는 인생을 사는 데에 있다. 다른 말로 말하자면, 도덕을 강조한다는 것은 도덕 자체를 즐거워해야 한다는 뜻이고, 도덕을 강조하는 것은 그 자체로 충분한 가치를 갖는다.

도덕적인 사람이라면 아무리 어려움과 곤란에 처한다 하더라도 다른 사람과 마찬가지로 마음속의 풍월을 읊을 수 있고 마음속 즐거움은 변하지 않는다. 이것이 바로 맹자가 말한 "예의는 내 마음을 즐겁게 하길 마치 소, 양, 돼지, 개 등의 육식이 내 입을 즐겁게 하는 것과 같다. 禮義之悅我心, 猶芻豢之悅我口"라는 말의 의미일 것이다.

古之學者爲己, 今之學者爲人. 君子之學也, 以美其身; 小
人之學也, 以爲禽犢. 〈권학〉
學者, 固學爲聖人, 非特學爲無方之民也. 〈예론〉

【해 석】

고대의 학자는 자신의 덕행을 연마하기 위해 공부했다. 그러나 현대의 학
자는 다른 사람들에게 자랑하기 위해 공부한다. 군자의 학문은 자신의 심
신을 아름답게 할 수 있지만 소인의 학문은 가금과 송아지 등을 선물하고
아부하며 자신의 허영심을 만족시키는 데 쓰인다. 〈권학〉
학문이란 성인聖人이 되기 위해 배우는 것이지 아무런 학문도 없는 평범한
사람이 되기 위해 배우는 것이 아니다. 〈예론〉

❰ 욕심이 없어야 강직하다 ❱

권세와 이익과 봉록은 마음을 빼앗길만한 것이 아니다.

權利不能傾也

《논어·공야장》에는 이런 대화 한 토막이 적혀 있다. 공자가 자신은 아직까지 바르고 곧은 사람을 본 적이 없다고 하자, 다른 이가 신정申棖이 바로 그런 사람이라고 대답했다. 그러자 공자는 "신정의 마음에 욕심이 있는데 어떻게 강직한 사람이고 할 수 있습니까?"라고 반문했다.

"욕심이 없어야 강직하다."라는 말의 가장 오래된 출전이 이 대목인지 정확하지는 않지만 이 글은 확실히 아주 깊이 있는 원리 두 가지를 설명해준다.

하나는 "남의 것을 받으면 자기 마음대로 할 수가 없고, 남의 집에서 신세를 지면 하고 싶은 말을 할 수 없다. 拿人的手短, 吃人的嘴軟"라는 말이고, 또 하나는 "사사로운 욕심은 사람의 지혜를 혼미하게 만든다. 利令智昏"라는 말이다.

한 사람의 욕심이 한계를 넘어서면 마음의 도덕이 더 이상 주인공으로 주관할 수 없으며, 반드시 해야 할 일을 하고, 하지 말아야 할 일을 하지 않는 직권을 행사할 수 없게 된다. 어떤 사람이라도 욕망은 모두 눈앞에서 흔들리는 당근 같아서 욕망 때문에 앞으로 전진하도록 유혹을 받는다. 혹은 명예 때문에 혹은 이익 때문에 죽을힘을 다하는데, 소위 "관직이 귀하고 천한 것과 봉록이 후하고 박한 것은 인생의 책략에 달렸다."라는 말이 이런 현상을 잘 대변해준다.

만일 한 사람이 자신의 도덕적인 뜻을 지킬 수 없고 자신의 욕망을 다스릴 수 없다면 자신이 주인이 되는 고매한 품격은 상실할 수밖에 없다. 그렇게 본다면 도덕적인 측면에서 말하는 '대장부'의 기개란 본래, 두 손에 권력을 장악하고 허리에 돈다발을 두른 그런 개념이 아니요, 명예와 이익의 각종 유혹 앞에서 과감한 결단을 할 수 있느냐 없느냐의 개념을 말한다.

원나라 시대의 저명한 유학자 허형許衡이 무더운 여름날 사람들과 함께 피난을 가던 때의 이야기는 유명하다.

태양이 머리 위를 뜨겁게 내리쬐는 정오, 피난길을 떠나는 많은 사람들은 목마름을 참을 수가 없었다. 그 때 마침 탐스러운 열매들이 주렁주렁 달린 길가의 배나무 한 그루가 눈에 들어왔다. 사람들은 배를 따서 갈증을 해갈하려 너도 나도 난리법석이었다. 그런데 오직 허형 한 사람만은 나무 아래에 가만히 앉아 꿈쩍도 하지 않았다. 어떤 사람이 막 딴 배를 그에게 건네주자 허형이 말했다.

"이 배는 제 것이 아닙니다. 함부로 먹어서는 안 됩니다."

그러자 그 사람이 말했다.

"지금 천하에 큰 난리가 난 판국인데, 배나무에 무슨 주인이 있다고 그러십니까?"

그러자 허형이 말했다.

"배나무의 주인이 없어졌다고 제 마음의 주인까지 없어졌단 말입니까?"

사실 순자의 이 말은 공자의 가르침의 핵심인 동시에, 맹자가 말한 "가난하고 비천함에 동요되지 말고, 부하고 귀함에 유혹 받지 말며, 무력에 굴복하지 말라. 貧賤不能移, 富貴不能淫, 威武不能屈"는 말을 바로 이어받은 말이다.

격정과 욕망이 요동치는 세계에서 사는 우리에게 있어 마음의 주인을 배양하고 대장부의 기개를 키우는 일이란 분명 무엇과도 바꿀 수 없는 의의가 있을 것이다.

모름지기 명언이란 시대가 바뀐다고 해서 유행에 뒤떨어지는 것이 아닐 것이다.

權利不能傾也, 群衆不能移也, 天下不能蕩也. 生乎由是, 死
乎由是, 夫是之謂德操. 〈권학〉
志意修則嬌富貴, 道義重則輕王公, 內省而外物輕矣. 〈수신〉

【해석】

권세와 이익과 봉록은 마음을 빼앗길만한 것이 아니며, 많은 사람들의 큰
세력도 나를 변화시킬 만한 것이 아니며 세상의 만물들도 마음이 동요할
만한 것이 아니다. 인생을 살면서 이 원칙을 지키며 죽을 때까지 이 원칙을
지킨다면 이를 고결한 품격이라고 한다. 〈권학〉

원대하고 아름다운 기상을 가지고 있으면 부귀 앞에서도 코웃음 칠 수 있
고, 도를 귀하게 여기면 군왕과 귀족도 멸시할 수 있다. 인격 수양의 성찰
에 중점을 두면 자신의 몸 이외의 물건을 중시하지 않을 수 있다. 〈수신〉

❰ 어디를 가든지 만사형통 ❱

군자는 배우기는 하지만 온전하지 않고, 정수를 익히지 않으면 진정한 학문을 익혔다고 할 수 없음을 잘 안다.

君子知夫不全不粹之不足以爲美也

한 사람의 학문은 '온전'하며 '정수'를 알기 때문에 아름다워지는지, 아니면 아름답기 때문에 '온전'하며 '정수'를 알게 되는지는 확실히 단언하기 어렵다.

그러나 완벽한 인격을 갖추려면, 혹은 한 사람의 학문이 어떤 경지에 올라 군자가 되기 위해서는 자기가 배운 내용을 문자적으로나 내용적으로 꿰뚫어낼 수 있어야 하며, 사람들과의 관계 속에서 공부하여 옛 사람의 수양 방법을 본받아야 할 뿐 아니라, 자신이 진정한 배움을 얻는데 방해가 되는 모든 요소들을 하나하나 제거함으로 학문을 세심하게 연마해 나가야 한다.

더 간단한 말로 설명하자면, '모든 일 한 가지 한 가지를 정확하게 파악'하고, '인간관계에 고수가 되어야' 한다는 것이다. 이는 아마도 중국의 고대 현인들이 공인하는 표준일 것이다.

양명학陽明學(명대의 유학자 양명 왕수인王守仁에 의해 형성된 신 유학, 주자학 비판, 인간평등관에 바탕을 둔 주체성 존중적인 철학, 만물일체의 이상사회 실현을 지향)의 수제자 왕용계王龍溪는 '스승 문하에서 얻는 세 가지 가르침'이라고도 불리는 '세 가지 깨달음三悟'을 말한 적이 있다. 그는 다음과 같이 말했다.

스승의 문하에는 깨달음에 이르게 되는 세 가지 가르침이 있다. 분석을 통해 깨닫게 되는 '해오解悟'는 언어적인 해석을 벗어나지 못한 상태다. 고요함 중에서 깨닫게 되는 '증오證悟'는 아직 경지에 이르지 못한 상태다. 인간관계의 연습을 통해 깨닫게 되는 '철오彻悟'는 말을 잊고 자신의 경계를 잊은 상태로 손대는 곳마다 수원을 얻으며, 움직이면 움직일수록 더욱 고요해진다.

여기서 말하는 '해오'는 인식과 사고행위 중에 나타나는 일로 언어를 떠나서는 생각할 수 없다. '증오'란 정좌를 통해 깨달음을 구하는 능력으로 반드시 외부 세계의 간섭과 완전히 단절되어야 하며, 외부 세계의 제한에 영향을 받기 때문에 경지에 이르려면 아직 더 기다려야 한다. 그러나 왕용계가 가장 흠모하는 가르침이자 통달의 경지인 '철오'는 모든 생각과 언어가 전부 '인간관계의 연습' 속에서 이루어진다.

진정 학문에 통달한 군자는 반드시 관직의 승진과 강등, 벼슬길의 진출과 은퇴, 걷고 들고 안고 눕는 일상생활 속에서도 수양의 열매를 볼 수 있어야 한다. 반면 도덕이론 학습은 구체적인 실천상황 속에서 진행되어야 지행합일, 언행일치가 이루어진다. 어떤 환경에 처하든지 간에 무의식적으로 그 상황에 맞는 도덕적인 행위를 할 수 있고, 헷갈리지 않고 동요하지 않으며 자아를 상실하지 않는 상태, 옳은 것은 옳고 틀린 것은 틀리다고 우직하게 말할 수 있으며, 수은 알갱이가 땅바닥에 고루 흩어지듯 전혀 가식이 없는 상태, 이것이 바로 '어디를 가든지 만사형통하는' 경지이다.

【 원문 】

君子知夫不全不粹之不足以爲美也, 故誦數以貫之, 思索以通之, 爲其人以處之, 除其害者以持養之. 〈권학〉

【 해석 】

군자는 배우기는 하지만 온전하지 않고, 정수를 익히지 않으면 진정한 학문을 익혔다고 할 수 없음을 잘 안다. 그러므로 반복하여 책을 읽고 배운 글들을 연관시키며, 배운 내용을 하나로 관통시켜 깊이 사색하고 세밀히 살펴야 한다. 또, 고대 성인과 현인들이 행동했던 방법들을 타산지석으로 삼아 본받으며 해로운 것들을 제거하고 유익한 학식을 배양해야 한다. 〈권학〉

◖ 순자의 자연법칙 ◗

대자연의 운행은 그 자신의 법칙을 가지고 있다.

天行有常

'어떻게 하면 하늘의 것을 하늘에 맡기고, 사람의 것을 사람에게 맡길 수 있을까?' 이것은 순자 철학 사상의 전체적인 중심내용 중에 하나다. 물론 직접적인 동기는 하늘이 사람을 억울하게 하거나 사람이 하늘의 뜻을 저버리는 일을 막기 위해서지만, 가장 중요한 동기는 인간 세상의 성패를 전부 하늘에다 돌리는 전통 사상에 도전하고 싶은 마음일 것이다.

순자가 볼 때, 자연의 운행에는 고유의 법칙이 있었다. 그 법칙에는 아무런 의지도 없을뿐더러, 인간의 세상사에 대해서는 더욱이 반응하지 않았다. 그러므로 세상의 길흉화복, 성패와 순조로움, 거슬림은 모두 인위적으로 생겨난 것이며 하늘과는 무관한 것이었다.

사람은 하늘을 존경하고 사모하느니, 하늘을 자연물로 보고 이를 제재하는 것이 더 나으며, 하늘의 뜻에 따르며 이를 찬미하느니 하늘이 낮은 사물들을 제재하며 이를 적절하게 사용하는 편이 낫다. 또 하늘이 비와 바람을 맞게 보내주기를 소망하고 풍작을 기다리기보다 때마다 밭을 경작하고 사계절이 인간을 위해 일하도록 하는 편이 낫다.

한 마디로 순자는 하늘과 인간의 직분은 서로 다르며, 인간은 노력을 다해 자신의 책임을 다해야지 자신의 운명을 아무 말 없이 받아들이기만 해서는 안 된다는 것이다. 순자는 예를 들어 이 점을 설명하고 있다.

걸의 시대와 우의 시대에 하늘과 땅, 사계절은 모두 똑같았다. 그러나 우는 자연을 다스렸고 걸은 혼란을 가중시켰다. 혼란을 다스리는 역할은 인간이지 하늘이 아님을 알 수 있다. 사람이 만일 예의에 부합하는 행위로 기초를 강화하고 절약에 힘쓰거나 사계절을 준비하는 등의 일을 할 수 있다면, 흉했던 일은 길하게 되고 전화위복의 기틀을 마련하며 홍수나 가뭄 같은 재해, 혹한이나 혹서 같은 재난에도 사람들은 먹고 입고 사는 데에 전혀 근심이 없을 것이다. 그러나 그와 반대로 만일 사람들이 도를 거슬려 경거망동한다면 아무리 하늘이 바람과 비로 세심한 배려를 해준다 해도 춥고 배고픈 나날에서 벗어나기 어려울 것이다. 그러므로 평화로운 재난방지는 하늘에 있는 것이 아니라 사람에게 있는 것이기에, 우리는 하늘을 원망하거나 사람을 탓할 필요가 전혀 없다.

어쩌면 순자의 사상 속에서 우리가 얻어낼 수 있는 가장 따뜻한 결론이라면, 하늘과 인간관계에 대한 부정확한 이해를 했던 관점을 두려워하지 않고 결연하게 포기했다는 것이다. 즉, 과거 사람들은 하늘과 인간은 동일한 질서에 협조하므로 하늘과 사람 간에는 '마술 같은 화원'이 계속 유지되며 하늘에 대한 신비와 공상을 씻어버릴 수 없다고 생각했다. 물론, '하늘의 것은 하늘에게 맡긴다'라는 말에서 보듯, 순자에게 있어서 '하늘'이란 결코 연구의 대상이 아니었다. 오히려 순자는 인간세계의 질서를 안정시키는데 일편단심이었다고 할 수 있다.

【 원 문 】

天行有常, 不爲堯存, 不爲桀亡. 應之以治則吉, 應之以亂則凶. 〈천론〉

【 해 석 】

대자연의 운행은 그 자신의 법칙을 가지고 있다. 현명한 군주 때문에 존재하는 것이 아니요, 폭군 때문에 사라지는 것도 아니다. 대자연을 다스릴 수 있는 방법을 가지고 적응하면 행복해지고, 부적절한 방법을 가지고 적응하면 흉악한 재앙이 된다. 〈천론〉

상패한 순자, 현대인을 꾸짖다

예와 악은 함께,
안팎은 조화롭게

음악을 통한 교육을 추진하면 사람의 의지는 맑고 밝아진다.

樂行而志淸

한 사람이 건강한 발전을 하려면 지능지수IQ만 높아서는 안 되고, 감성지수EQ 역시 높아야 한다는 사실은 현대사회에서 점점 더 중시되고 있다. 그러므로 대학교육 역시 전문 지식 전달에만 급급해 학생의 독립적인 판단능력, 처세 및 응용능력, 감성적 심미능력의 배양을 소홀히 한다면 이런 대학교육은 완전히 실패한 대학교육이라는 인식이 점진적으로 형성되고 있다.

이런 추세의 원인은 현대사회가 집약적인 분업사회요, 업종과 업종 간에 서로 연관이 없기 때문만은 아니다. 만일 대학 교육이 전문 인재의 양성에만 그친다면 이렇게 양성한 사람은 '조각화' 될 수밖에 없다.

게다가 사람은 복잡한 문제를 가진 총체이기 때문에 칠정七情

(기쁨, 노여움, 슬픔, 두려움, 사랑, 미움, 욕망)과 육욕六慾(식욕, 수면욕, 배설욕, 재물욕, 색욕, 명예욕), 영혼과 육체를 조화롭게 융화시키는 방법, 나아가 대학생의 사상과 지식 인격에 균형 잡힌 발전을 이루는 방법 등 이 모든 문제는 일반교육General education이 이뤄질 수밖에 없는 현 시대의 상황이 중요한 원인이라고 할 수 있다.

유가는 항상 예악의 교육을 중시하는 철학으로 불려왔다. 일부 학자는 "공자는 예와 악을 모두 중시했지만 예로써 논리의 바탕을 삼고 이로써 질서를 건립했으며, 악으로써 덕과 화합을 이뤄 이로써 사람의 정을 조화시켰다. 예와 악을 겸하여 안팎이 서로 조화가 되어야만 교육의 기능을 충분히 발휘할 수 있으며 조화로운 집단을 형성할 수 있다."고 보았다.

사실 사람의 생명 자체는 운율로 가득한 음악이라고 할 수 있다. 그러므로 사람에게 있어 음악은 필수불가결한 존재라고 할 수 있다. 더 나아가 생각한다면 사람의 품격을 배양하는 교육은 규칙이나 규범이라는 형태에만 머물 수 없다. 이 뿐 아니라 심령과 정감의 도야가 필요하다.

선진 유학자 중에서 순자는 음악의 기원 및 삶과 음악의 관계에 대해 가장 상세한 토론을 벌였다. 순자는 예의 기능은 인륜을 구별하고 각 사람이 자신에 맞는 위치를 찾아 자신의 직분을 다하도록 하는데 있다고 보았다. 그러나 음악의 기능은 사람들의 정감을 하나로 모아 뜻을 교류함을 통해 사람의 마음을 화합시키는데 있다고 보았다.

예는 논쟁을 그치게 할 수 있고 악은 원망을 배출시킬 수 있다. 전자는 외적인 문제에 균형을 잡아주며, 후자는 내적인 문제를 배설시킨다. 음악이 사람의 마음을 꿰뚫을 수 있고 감정을 조절할 수 있는 이유는 음악이 사람의 마음에서 나오기 때문이다. 마치 자극적이지 않고 온화한 음악이 사람의 마음을 편안하게 만들고, 장중하고 엄숙한 음악이 사람의 마음을 경건하게 만드는 것처럼 말이다.

고산유수高山流水(중국의 10대 고음악 중 하나, 백아伯牙가 작곡했다고 전해짐)를 들으면 재주를 품고도 기회를 만나지 못한 인재의 마음이 후련해지고, 베토벤의 운명 교향곡을 들으면 의기소침했던 사람도 용기가 용솟음칠 수 있다. 그러므로 사람의 마음을 감동시키고 기풍을 바꾸며 풍속을 변화시키는데 있어 음악만큼 좋은 것이 없다.

전하는 말에 의하면 공자는 소악韶樂(시, 음악, 무용이 하나로 어우러진 고대 순 임금 시대의 종합예술)을 듣고는 '3개월 동안 고기의 맛을 못 느낄 정도로 심취했다'고 한다. 음악이 주는 촉촉한 쫄깃함과 부드러운 골수의 맛이 너무나 생생했던 탓이다. 그렇다면 이 시대의 일반교육은 어떻게 음악 교육을 실천하고 보급해야만 할까?

樂行而志淸, 禮修而行成. 耳目聰明, 血氣平和, 移風易俗, 天下皆寧, 美善相樂. 〈악론〉

【해석】

음악을 통한 교육을 시행하면 사람의 의지는 맑고 밝아진다. 예의에 의한 교육을 정비하면 사람의 덕행이 완성된다. (개인에 대한 음악의 작용은) 감각 기관을 바르게 하고, 혈기를 평화롭게 유지하는 것이다. (사회에 대한 음악의 작용은) 기풍을 변화시키며 습속을 개선하여 천하를 태평하게 하는 데 도움을 준다. 즐겁게 노는 중에서도 아름다움과 선으로 사람의 인격을 함양시킬 수 있다. 〈악론〉

【 2장 】

순자,
정치를 말하다

상패한 승자
현대인을 꾸짖다

사물을 다스림과
사람을 다스림

**사람을 다스리는데 정통한 도를 가진 사람으로
각 사물을 다스리는 기능인들을 겸하여 다스리게 한다.**

精於道者兼物物

농사꾼, 상인, 수공업자는 모두 자신의 업종에 정통한 전문 인재라고 할 수 있다. 하지만 자기 분야에서 아무리 일가견이 있는 전문 인력이라 하더라도 타 분야에서까지 인재가 되는 것은 아니다. 그래서 유가는 "군자는 일정한 용도로만 쓰이는 그릇 같은 존재가 아니다. 君子不器"라는 주장을 펼치기도 했다.

유가는 윤리를 중시하기 때문에 도덕 교육 역시 덕성의 배양을 중심으로 한다. 선진시대의 도덕 및 예의규범, 의식과 절차에 사용되는 음악 및 무용, 활쏘기, 마차 몰기, 붓글씨, 계산하기는 후대의 5경五經인 《주역》, 《상서》, 《시경》, 《예기》, 《춘추》와 13경인 《주역》, 《상서》, 《시경》, 《주례》, 《의기》, 《예기》, 《춘추좌전》, 《춘추공양전》, 《춘추곡양전》, 《논어》, 《효경》, 《이아》, 《맹자》로 발전

되었으며, 교육의 최종 목적 역시 전문 직종의 인재 배양이 아니라, 덕성의 완성 혹은 '도에 정통한' 인재의 배양을 핵심으로 했다. 그러므로 순자는 "군자가 되는 것에서 시작하여 성현이 되는 것으로 끝난다. 始乎爲士, 終乎爲聖人《순자·권학》라고 말했다. 이는 전형적인 덕성의 윤리다.

농사에 정통하고, 판매에 정통하거나 제작에 정통하다는 것은 그 시대 사람의 관점으로 볼 때 직업이 추구하는 목적 중 하나라고 볼 수 있다. 고대인 역시 "이 세상에는 수많은 직종이 있고, 직종마다 기능이 가장 뛰어난 장원이 있다. 三十六行, 行行出壯元"라고 말하지 않았던가?

하지만 순자의 기준은 이와는 많이 다르다. 순자가 볼 때 구체적인 직종에서 이룰 수 있는 업적이란 아무리 뛰어나 봐야 그저 기술에 불과하기 때문이다. 기능이 전문가의 수준으로 정통하게 되면 습득한 지식이야 수레에 싣고도 넘치겠지만, 만물의 변화무쌍함과 날마다 세상에서 벌어지는 새롭고 신선한 일에 대한 적절한 대응력은 결국 떨어지기 마련이다. 그 원인은 그들이 알고 있는 정통한 지식이 단지 한 가지 일과 한 가지 직종, 한 가지 사물에 제한되어 있기 때문이다. 하나만 알고 있을 뿐 전체적인 변화를 완벽하게 조망할 수 있는 능력은 떨어지는 것이다. 그러므로 순자는 위대한 고대 성왕의 도를 이해하고 깨우친 사람을 육성하는 것을 매우 중요하게 여겼다.

성왕의 도의 핵심은 모든 조치를 가장 적절한 때에 가장 적절하게 실시한다는 데에 있다. 사물의 돌발적인 출현에도 자유롭게 대응할 수 있으며 상황의 급작스런 변화에도 그 본질을 추상적으로 인식할 수 있다. 국가의 혼란 정도나 행동이 사리에 부합하는지 여부도 모두 분명히 알 수 있다. 그는 어쩌면 한 가지 직종, 한 가지 직업의 전문가가 아닐 수 있다. 하지만 그는 행동해야할 때를 알고 적절히 행동할 수 있으며 사물의 변화에 따라 임기응변을 하고, 변화의 조짐을 분별해 낼 수 있다. 그러므로 성왕의 도를 알면 세상을 경영할 수 있고, 만사를 관리하고 만민을 다스릴 수 있다. 순자는 순舜을 예로 들어 그 도리를 설명한다.

순의 일 처리 방식을 보면, 성왕의 도를 잘 알고 있었기에 적절한 인재를 적재적소에 기용할 줄 알았다. 그래서 사물을 다스리는 도를 알려주지 않아도 실패하는 일이 없었다. 순은 우禹에게 홍수를 다스리도록 명령을 하기는 했지만 우에게 구체적인 방식과 방법을 가르쳐 주지는 않았다. 하지만 결과적으로 청산은 사람의 뜻을 깨닫고 흐르는 물도 사람에게 복종하여 백성들은 큰 복을 누릴 수 있었다.

여기까지 이야기하고 나면, 자연스레 맹자 어르신께서 하신 "마음을 다스리는 일에 힘쓰는 사람이 사람을 다스린다. 勞心者治人"라는 말이 떠오른다. 이는 예부터 지금까지 예외를 찾기 어려운 금과옥조이다.

農精於田, 而不可以爲田師; 賈精於市, 而不可以爲賈師; 工精
於器, 而不可以爲器師. 〈해폐〉

精於物者以物物, 精於道者兼物物. 〈해폐〉

【해 석】

농민은 농사에 정통하지만 농업을 관리하는 관리자는 될 수 없다. 상인은
판매에 정통하지만 시장을 관리하는 관리자는 될 수 없다. 장인은 물건을
제작하는 데는 정통하지만 공업을 관리하는 관리자는 될 수 없다. 〈해폐〉
사물을 다스리는 데 정통한 기능인으로 사물을 다스리게 하고, 사람을 다
스리는데 정통한 도를 가진 사람으로 각 사물을 다스리는 기능인들을 겸
하여 다스리게 한다. 〈해폐〉

❮ 생태철학과 정치 ❯

**하늘을 신으로 모셔 은혜를 기다리기보다는
차라리 산물을 저장하고 각 사물의 이점을 이용해
사용하는 편이 더 낫다.**
大天而思之, 孰與物蓄而制之!

경제와 과학기술이 눈부신 발전을 거듭함에 따라 인류의 생존환경 위기 및 사람과 자연과의 관계 위기는 이미 발등에 떨어진 불이 된 듯하다. 또 그렇기에, 현대의 도덕 의식이 높아지고 사회적 관심이 더욱 커지면서, 생태환경에 대한 위기 의식은 이미 매우 중요한 이슈가 되었다.

그러나 인류가 느끼고 있는 것처럼 이 위기를 대처하는 방법은 단순히 기술적 방식에만 의존해서는 안 되며, 어떻게 하면 서로 다른 문화전통을 자원으로 삼아 현대생활에 적용할 수 있는 생태철학 이념을 개발해내고, 새로운 생활방식과 정신적인 가치를 찾아낼 것인가 하는 점이 날이 갈수록 중요한 문제로 대두되고 있다.

과거 학자들은 순자가 말하는 사람과 자연의 관계는 '자연을 정복하고, 사람이 결정하며, 하늘을 이기는 관계'이며, 더 나아가 순자의 이론은 자연을 정복하는 것만을 강조하고 사람과 자연 간의 조화로운 관계에는 주의를 기울이지 않는 단편적인 이론이라고 이해했다.

반면 일부 학자들은 이런 관점을 반박하며, 순자는 일관되게 '천인합일天人合一'을 주장한다고 주장했다. 순자가 '천인합일'을 주장했는지 여부는 잠시 논의하지 않기로 하자.

분명한 사실은 순자는 인류사회에서 일어나는 기근, 재앙 등이 인류 자신이 자연과의 관계를 제대로 처리하지 않아 스스로 초래한 것이며 만일 사람이 '재앙을 적절히 대응하여 제어'할 수 있다면, 행복한 삶을 살 수 있다고 여겼다.

그러므로 순자는 "하늘과 사람의 역할에 구분이 있음을 알아야 한다. 明於天人之分"고 주장했다. 오늘날의 말로 하자면 하늘은 하늘이 해야 할 본분이 있고, 사람은 사람이 해야 할 본분이 있음을 알아야 한다는 것이다. 하늘을 속여서도 안 될 뿐만 아니라 천성을 거슬려서도 안 되며 하늘과 사람 간에는 역할이 서로 다르기 때문에 각각의 본분에 충실해야만 한다는 것이다.

하지만 "사람은 자연만물(하늘)을 어떻게 대할 것인가?"라는 이 문제에 대해 순자는 무엇보다도 자신의 노력은 포기하고 하늘이 복과 은혜를 내려주기만을 기원하는 사고방식을 반대했다.

"사람이 행동을 잘못해 놓고 운명을 탓하는 것은 천지만물의 본질을 잃어버리는 것이다. 錯人而思天, 則失萬物之情"라는 그의 말은 바로 이런 뜻이다.

또한 순자는 "하늘의 덕을 순종하고 이를 찬미하기만 하기보다는 오히려 하늘이 낸 만물을 통제하여 나의 필요에 따라 사용하는 편이 더 낫다. 從天而頌之, 孰與制天命而用之"고 주장한다. 하지만 바로 이 구절은 문제를 내포하고 있다.

우선, 일부 학자는 이 글에서 '제천명制天命'을 '하늘의 뜻을 제제하여' 혹은 '하늘의 뜻을 제어하여'라고 이해하며 또 일부 학자들은 '천명'을 자연의 규칙이라고 이해한다. 이와 같은 해석을 통해 '제천명'이라는 구절은 '자연의 규율을 제재한다'라는 의미로 탈바꿈해버렸다.

이런 식의 이해방식은 과학기술이 신의 영역을 넘본다는 것으로, 온 세계에 보편화 되었으며 자연을 정복하는 현대사회의 특성에도 아주 잘 부합한다.

다만 순자의 본래 의도와는 약간의 오차가 발생하는데, 사실 순자의 전체적인 사상을 이해한다면 순자의 이 한마디의 말은 "하늘의 덕을 순종하고 하늘이 탄생시킨 만물을 찬미하는 대신 하늘이 탄생시킨 만물을 합리적으로 분배하고 이용하는 편이 낫다."라는 뜻으로 해석할 수 있다.

이 말의 핵심은 사람의 주관적인 능동성을 강조하는 동시에 사람과 자연의 조화로운 발전 관계를 지적하는 데에 있다. 이런 조화로운 발전 관계는 간단히 이야기하면 사람과 사물의 덕을 바르게 하는 '정덕正德'과 자연자원을 바르게 활용하는 '이용利用', 백성의 생활을 풍요롭게 하는 '후생厚生'이 필요하다. 그러므로 순자는 말한다.

성왕의 제도는 이러하다.

초목이 꽃피고 열매 맺을 계절에는 큰 도끼로든 작은 도끼로든 산림을 벌목할 수 없다. 초목이 요절하지 않고 계속적으로 성장하도록 하기 위해서다.

큰 자라, 악어, 미꾸라지, 장어 등이 산란하고 번식할 시기에 그물코가 빽빽한 그물과 독약을 호수와 물가로 가지고 갈 수 없다. 어류들이 요절하지 않고 계속적으로 성장하도록 하기 위해서다.

봄에는 땅을 일궈 씨를 뿌리고 여름에는 밭을 갈고 김을 매며, 가을에는 곡식을 베고, 겨울에는 저장을 한다. 이 네 가지 일에 적절한 시기를 놓치지 않을 때 오곡을 풍성하게 그리고 끊임없이 거둘 수 있으며 백성은 여유 식량을 가지게 된다.

크고 작은 강과 호수는 산란기에 따라 엄격하게 포획금지령을 내리므로 어류는 대량 번식할 수 있고 백성들은 식품이 넉넉해진다.

벌목과 씨 뿌리기도 시기를 놓치지 않으므로 산림은 민둥산이 되지 않고 백성들은 충분한 목재를 사용할 수 있다. 영명한 왕의 작용이 이러하다. …… 이런 이를 성인이라고 한다.

聖王之制也, 草木榮華滋碩之時, 則斧斤不入山林, 不夭其生, 不節其長也; 黿鼉魚鼈鰍鱣孕別之時, 罔罟毒藥不入澤, 不夭其

生, 不節其長也; 春耕,夏耘,秋收,冬藏, 四者不失時, 故五谷不節,
而百姓有余食也; 污池淵沼川澤, 謹其時禁, 故魚鼈優多, 而百姓
有余用也; 斬伐養長不失其時, 故山林不童, 而百姓有余材也. 聖
王之用也, ⋯⋯ 謂之聖人

—《순자·왕제王制》

이것이 바로 유가에서 사람과 자연과의 관계에 제시하는 근본
적인 방향이다.

【원문】

大天而思之, 孰與物蓄而制之! 從天而頌之, 孰與制天命而用
之! 望時而待之, 孰與應時而使之! 因物而多之, 孰與騁能而
化之! 思物而物之, 孰與理物而勿失之也! 愿於物之所以生,
孰與有物之所以成! 故錯人而思天, 則失萬物之情. 〈천론〉
污池淵沼川澤, 謹其時禁, 故魚鼈優多, 而百姓有余用也; 斬伐
養長不失其時, 故山林不童, 而百姓有余材也. 〈왕제〉

하늘을 신으로 모셔 은혜를 내려주기만을 기다리기보다는 차라리 산물을 저장하고 각 사물의 이점을 적절하게 이용해 사용하는 편이 더 낫다. 하늘의 덕을 순종하고 이를 찬미하는 것보다는 차라리 하늘이 낸 만물을 통제하여 필요할 때 사용하는 편이 더 낫다. 자연 조건이 적당해 오곡이 풍성하기를 앉아서 기다리기만 하기보다는 오히려 절기에 맞춰 땅을 경작하고 춘하추동이 나를 위해 생산을 하도록 만드는 편이 낫다. 만물이 자연적으로 자라나 풍성해지기를 바라기보다는 오히려 인류의 재능을 이용해 만물의 생장을 보조하고 증산을 시키는 편이 낫다. 만물이 자신의 것이 되기만을 바라고 자연을 다스리지 않기보다는 오히려 만물을 다스려 만물을 합리적으로 충분히 사용하는 편이 낫다. 만물의 탄생 원인을 밝히고자 힘을 기울이기보다는 오히려 만물이 생성되는 과정을 돕는데 힘을 기울이는 편이 낫다. 그러므로 사람이 할 수 있는 노력을 포기하고 그저 하늘의 뜻만을 바란다면 만물의 이치와 도리를 위배하는 것이다. 〈천론〉

연못, 늪, 강, 호수는 일정한 기간 동안의 어획금지령을 엄격히 지키기에 어류와 자라가 신속히 번식하며, 백성은 넉넉한 양식을 얻게 된다. 벌목과 육림은 적절한 시기를 놓치지 않기에 산림은 황폐해지지 않고 백성은 넉넉한 목재를 얻게 된다. 〈왕제〉

❚❰ 마음이 딱딱한 철학자 ❱❚

예를 존중하되 《시경》과 《서경》을 과도하게 중시해서는 안 된다.

隆禮義而殺《詩》,《書》

영국의 철학자 이사야 벌린Isaiah Berlin은 "여우는 여러 가지 꾀가 많지만 고슴도치는 한 가지 수밖에 없다."라는 말로 서로 다른 두 유형의 사상가를 비유해 학계 인사들의 큰 찬사를 받은 바 있다. 반면 미국의 철학자이자 심리학자인 윌리엄 제임스William James는 학자 개인의 기질에 따라서 철학자를 하드 마인드hard-mind와 소프트 마인드soft-mind 두 가지 유형으로 구분했다. 예를 들어 아리스토텔레스Aristoteles는 하드 마인드의 전형이며, 플라톤Plato은 소프트 마인드의 대표라고 할 수 있다.

중국 현대 철학자 펑여우란馮友蘭 선생은 이 관점을 근거로 선진 시대의 철학자를 평가하며, "맹자는 마음이 부드러운 철학자로 그의 철학은 유심론적인 경향을 띤다. 반면 순자는 마음이 딱딱한 철학자로 그의 철학은 유물론적인 경향을 띤다."라고 말했다.

유물론이냐, 유심론이냐를 두고 철학자의 마음이 부드러운지 딱딱한지 여부를 따지는 일은 우선 접어두기로 하자. 하지만 확실한 것은 역사적으로 한 사상체계의 출현과 완성은 모두 한 개인의 개성적인 창조물에 속하며, 그 사상의 구조, 스타일과 작자 개인의 격조, 정취는 밀접한 연관성이 있다는 것이다.

이 말이 정확하다면, 사상체계 역시 예술품과 마찬가지로 웅장한 기세로 일어나 어마어마한 파장을 일으킨다든지, 혹은 조용하고 침착하며 깨끗하고 정미하다든지 혹은 해박하고 광범위하다든지 혹은 간결하고 혹은 고명하며, 혹은 깊이가 있다는 등의 이런 특징들은 대부분 사상가 개인의 개념시槪念詩에서 풍기는 매력으로 볼 수 있다.

개념시Begriffsdichtung는 감각적, 정서적 이미지보다는 관념, 사상, 추상적 의미 등을 강조하고 이데올로기나 철학적 사상을 많이 내포하는 관념적인 색채를 띠고 있기 때문에 예술적 미감이 결여되어 있다고 말할 수 있지만 그 나름의 독특한 매력이 있다.

순자의 인생은 크게 볼 때 진솔하고 소박한 종류에 속한다. 이런 특징은 환상과 초자연적 깨달음을 비판하고 구복사상을 반대하며 비정통적인 견해를 강력하게 배격하는 순자의 사상을 통해서도 대략 엿볼 수 있다.

중국 현대 철학자 머우쫑싼牟宗三 선생은 "진솔하고 소박한 사람은 보통 지혜를 사용하며 이치를 중시하고, 질서를 좋아하며 침착함을 사랑하고, 진중하면서도 꾸밈이 적고 강건하고 의로운 반면, 슬픔과 괴로움의 감정이나 속세를 초월한 깨달음은 부족하고, 예의를 과도하게 중시한 나머지 《시경》과 《서경》을 말살하는데, 이 말은 어느 정도 일리가 있다."라고 주장했다.

"예의를 과도하게 중시한다."라는 순자의 평가에는 어떤 이의도 제기하기 어렵다고 할 수 있다. 또한 그렇기 때문에 그는 사회의 법도와 격식의 구성 및 인간사회의 등급을 구분할 때도 하나같이 예의의 옳고 그름에 따라 시비를 판단했다. 순자의 '마음'이 '딱딱한' 원인에는 이런 이유가 있을 것이다.

하지만 순자가 "《시경》과 《서경》을 말살했다."는 발언은 고증벽과 문헌벽이 있는 사람들의 신경을 건드릴 듯하다. 왜냐하면 《순자》 한 권에서만도 《서경》 14차례, 《시경》 80여 차례를 인용해, 맹자보다 훨씬 많은 인용횟수를 보여주고 있기 때문이다.

만일 정말 순자가 《시경》과 《서경》을 말살하려 했다면, 그는 왜 지겹도록 《시경》과 《서경》을 인용한 것일까?

그 외에도 이 가설이 더 말이 안 되는 이유는, 《순자》의 첫머리에 바로 경전을 암송하고 예법을 연구해야 한다는 주장이 나온다는 점이다.

어디에서부터 공부를 시작하는가? 어디에서 끝나는가? 대답하기를 '학습의 방법은 경전의 글을 암송하는 것에서부터 시작하며, 예법의 연구를 궁극적인 목적으로 삼아야 한다. 학습의 의의는 뜻을 가진 선비가 되는 것을 시작으로 하며, 성인이 되는 것을 궁극적인 목적으로 삼아야 한다.

學惡乎始? 惡乎終? 曰: 其數則始乎誦經, 終乎讀禮; 其義則始
乎爲士, 終乎爲聖人

— 《순자 · 권학》

여기서 말하는 '경전'이란 바로 《시경》과 《서경》을 가리키는 말
이다. 그러므로 청대의 경학자이자 훈고학자인 학의행 같은 호사
가들은 '말살했다殺'라는 글자를 오기로 보고, '돈독하게 했다敦'
로 해석해야 한다고 주장한다. 하지만 이 그럴 듯한 해석은 잘못
을 보완하기는커녕 오히려 사람을 헷갈리게 만든다.

왜냐하면 만일 '말살하다'를 '돈독하게 하다'로 바꾼다면, 순
자가 입이 닳도록 말한 《시경》과 《서경》이 전부인줄 알고 以《詩》
《書》爲之' 예법은 준수하지 않고 스스로 엄하게 단속하지도 않는
'산유散儒'나 《시경》과 《서경》을 아무 생각 없이 순응하기만 하는
順《詩》《書》而已' 학식이 천박하고 비루한 '루유陋儒'라는 구절은
어떻게 해석해야 할까?

《시경》과 《서경》은 유가에서 예부터 지금까지 변함없이 중요
시하는 경전이지만 어떤 경전이라도 모두 자신만의 독특한 특색
과 경향을 보이기 마련이다. 정취를 노래하는 《시경》은 사람의
감정을 고조시키는 반면, 사실을 기록한 《서경》은 역사의 거울
로 삼을 수 있다.

하지만 이지를 숭상하며 예의를 중요시한 순자의 성격으로 볼

때, 《시경》의 감동을 통해 깨닫게 되는 초월적인 깨달음, 감성에서 비롯된 서정과 감탄은 돈독하고 순박한 순자의 정신특성과 서로 상당히 모순이 된다. 그와 동시에 《서경》의 구체적이고도 다양한 기록의 글은 순자가 볼 때는 단지 선왕이 남긴 '흔적'에 불과하므로 현실에 부합하지 않는다. 그저 이 '흔적'에만 집착하고 거기에서 더욱 발전된 '본질'을 구하지 않으며, 과거의 기록을 암송하는 데에만 그친다면 이것이 '산유'와 '루유'가 아니고 과연 무엇일까?

隆禮義而殺《詩》,《書》. 〈유효〉

修禮以齊朝, 正法以齊官, 平政以齊民, 然後節奏齊於朝, 百
事齊千官, 衆庶齊於下. 〈부국〉

예를 존중하되 《시경》과 《서경》을 과도하게 중시해서는 안 된다. 〈유효〉

예를 바로 세워 조정을 바로잡고, 법과 기강을 바로 세워 관리들을 바로잡
으며, 정치를 균형 있고 평등하게 해서 백성을 하나로 만든다. 그러면 조정
의 위아래에 모두 예절과 문명이 생기고, 백관의 다스림은 법도가 생기며
백성은 감동하여 조정의 지도에 단결하게 된다. 〈부국〉

선왕의 도와
후대 군왕을 본받음

제도를 가감할 때에는 반드시 원칙에 부합해야 한다.

一廢一起, 應之以貫

순자는 '선왕의 도'도 중시했지만 '후대 군왕의 통치를 본받아 실제 상황을 비교 연구를 할 것'도 주장했다. 이 때문에 후대 사람들은 순자가 '선왕의 도덕 표준을 본받을 것'을 주장했는지 아니면 '후대 군왕의 통치를 본받아 실제상황을 비교 연구할 것'을 주장했는지 아리송하게 되었다. 이 문제는 '법가를 평론하고 유가를 비판하던' 1960, 70년대에 더욱 심각해졌다. 그러나 고전문학자 량치슝梁啓雄은 《순자간석荀子簡釋》에서 이렇게 말했다.

순자는 선왕의 도덕 표준을 본받을 것을 주장했으며, 후대 군왕의 통치를 본받아 실제상황과 비교 연구할 것도 주장했다. 도리와 원칙상, 그는 변함없이 일관되는 도를 알고 있었으며, 이것이 바로 선왕의 도덕 표준을 본받는 것이다. 또 법적 기교와 정치적으로 이는 적절한 변혁이 가능한데 이것이 후대 군왕의 통치를 본받아 실제상황을 비교 연구한다는 것이다.

량치슝 선생의 말은 일리가 있다. 사실, '선왕의 도'는 우리 민족의 생명 및 삶과 동체인 '역사 기억'과 관련이 있으며, 우리는 이 '역사 기억'에 의해 '어디에서 와서 또 어디로 가는가?'라는 문제를 전개해 나간다. 이런 의미에서 순자는 "시대와 함께 변화하며 시대의 변화에 따라 변화해야 한다. 비록 수천 번의 조치를 실시하여 수만 번의 변화를 겪는다 할지라도 그 도는 시종일관 동일하다. 其持檢應變曲當, 與時遷徙, 與世偃仰, 千擧萬變, 其道一也"《순자·유효》라고 주장했다.

순자가 주장한 이 도를 우리는 본받지 않으면 안 되고, 또 본받지 않을 수도 없다. '본받지 않으면 안 된다'고 한 까닭은 이 원칙이 바로 우리 민족의 자아 정체성이기 때문이다. '본받지 않을 수 없다'라고 한 까닭은 철학의 연역적 원리로 따져볼 때 자신의 역사 전통에서 벗어나 실질적인 기초 없이 독자적인 창조를 할 수 있는 사람은 아무도 없기 때문이다. 이것은 '자신의 머리카락을 잡아당겨서 자신을 지구상에서 쫓아낼 수 있는 사람은 없다.'는 원리와 마찬가지다. 우리는 기초를 가지고 있으며, 우리의 존재는 본질적으로 역사와 전통에 예속되어 있다. 이것이 바로 순자가 말한 "과거와 현재의 도는 하나다."라는 말의 뜻이다.

그러나 이 도를 현실화하고 원칙에서부터 실제 응용을 걸쳐 진정한 성공을 거두기까지는 모든 과정이 구체적인 역사의 맥락 속에서 완성되어야 하며, 이를 위해서는 역사시간 좌표의 전환이 필요하다. 그렇지 않다면 하나는 알고 둘은 모르며, 고정된 것만 알고 변화는 알지 못할 것이다. 맹자가 말한 것처럼 말끝마다 요순에 대한 칭찬 일색이라면 결국 순자가 엄중하게 비난한 세속적인 유학으로 전락할 것이다.

순자에 있어서 후대 군왕의 통치를 본받으라는 말의 진정한 의미는 그 도를 본받고 통일된 이치를 알라는 것이지 구체적인 통치 방법을 본받으라는 것은 아니다. 이 점은 순자의 "과거부터 지금까지 훌륭하신 군왕이 수백 명이니 나는 누구를 본받아야 할까? 聖王有百, 吾孰法焉?"《순자·비상》라는 반문을 통해 피부에 와 닿도록 느낄 수 있다.

도는 방향이고 근본적인 도리이다. 각 민족은 모두 도의 불변하는 원칙과 방향을 소유하고 있지만 이 원칙과 방향은 구체적으로 변화하는 또 다른 시간과 공간 사이에서 실현되고, 구체적인 조치, 정책은 반드시 시간의 변화 속에서 나타나야 한다. 그러므로 '도'는 불변하는 반면 '본받음'은 반드시 변한다.

순자의 이런 관념에는 현재 상황의 뿌리, 역사의 동향 및 역사의 원동력 등 문제에 대한 그의 지대한 관심을 발견할 수 있다. 이 관념은 이런 질문을 던질 것이다.

"현재의 상황은 어떤 변화를 거쳐 흘러왔는가? 추세는 어떠한가? 원동력은 어디에 있는가?"

'선왕', '후대 군왕'이라는 특수한 역사적 의식 구조 속에서 시간은 변화하는 일련의 사건을 통해 나타난다.

"만일 왕자가 다시금 일어난다면, 과거에 정해졌던 이름들을 그대로 사용해야 하고 새로운 이름들도 만들어 낼 것이다. 若有王者起, 必將有循於舊名, 有作於新名"《순자 · 정명》

"과거 천 년의 일을 연구하려면 오늘날의 현상을 자세하게 헤아려야 한다. 欲觀千歲, 則數今日"《순자 · 비상》

순자에서 '선왕의 도덕 표준을 본받는 것'이든, '후대 군왕의 통치를 본받아 실제상황을 비교 연구하는 것'이든 모두 일련의 가치판단을 대표한다. 이런 가치판단을 분석하면 두 가지 뜻을 내포한다. 하나는 이것이 우리의 신분을 나타내고 확정한다는 것이며, 또 하나는 우리 행위의 근거와 입장을 설명한다는 것이다. 전자는 정체성에 관한 문제로, "나는 누구인가? 나는 어디에서 와서 어디로 가는가?" 라는 문제로 대표된다. 후자는 우리 행위의 합법성legitimacy의 문제로, "우리는 왜 이렇게 행동해야 하는가? 이렇게 행동하는 이론적 근거justification는 무엇인가?"라는 문제로 대표된다.

삼패한 순자, 현대인을 꾸짖다

百王之無變, 足以爲道貫. 一廢一起, 應之以貫. 理貫不亂. 不
知貫, 不知應變. 貫之大體未嘗亡也. 〈천론〉

天地始者, 今日是也;百王之道, 後王是也. 君子審後王之道,
而論於百王之前, 若端拜而議. 〈불구〉

【 해 석 】

역대의 제왕들이 준행한 불변의 원칙은 모든 법령과 법제를 통일하고 관철
하기에 충분했다. 시간과 장소에 따라 변화가 생겨나므로 법령과 법제 역
시 가감이 필요하지만 제도를 가감할 때에는 반드시 원칙에 부합해야 한
다. 원칙에 부합하면 나라는 통치가 가능하고 혼란스럽지 않다. 모든 법령
과 법제를 꿰뚫는 일관된 원칙을 모른다면 세상사의 변화를 대응할 수 없
다. 이 근본원칙은 항상 존재해왔다. 〈천론〉

현재 천지 만물의 형상을 통해 천지 만물의 원시적인 형상을 추측할 수 있
다. 후대 군왕의 통치 원칙에 따라 역대 제왕의 통치 원칙을 추측할 수 있
다. 그러므로 군자는 전왕의 업적을 집대성한 후대 군왕의 통치 원칙을 고
찰하고 연구한다. 또한 미래 제왕들 이전의 통치방법에 대해 논의하되, 침
착한 얼굴로 두 손을 모으고 여유로운 마음으로 해야 한다. 〈불구〉

❮ 동전의 양면 ❯

예의를 존중하고 법도를 중시하면 국가는 질서가 생기게 된다.

隆禮至法, 則國有常

한 사회가 정상적으로 돌아가기 위해서는 도덕과 법률이라는 두 가지 측면을 떠나서는 생각할 수 없다. 이 둘은 모두 사회 유지 작용을 하기는 하지만 하나는 옳은 삶을 추구하게 하는 적극적인 기능인데 비해 다른 하나는 타락과 부패를 방지하는 소극적인 기능에 치중하고 있다. 그러나 물론 도덕과 법률은 항상 상호 의존 또는 상호보완 관계를 유지해왔으며, 도덕 위주의 정치를 필요로 할 때는 사회가 도덕 중심의 사회로 변모했고 법률 위주의 정치를 필요로 할 때는 법률 중심의 사회로 변모해왔다. 그러므로 이 둘은 근원과 줄기의 관계가 아니라 본질은 같지만 형태가 서로 다른 관계라고 보아야 한다.

"스승은 제자로 인해 드러나게 된다."라는 말에 따른다면, 순자는 한비자와 이사라는 법가의 걸출한 인물을 제자로 두고 있기에, 사람들은 당연히 순자가 법가적인 사상가이고 법가와 밀접한 관계를 가지고 있다고 여길 것이다. 이런 생각은 물론 그럴듯하기는 하지만 꼭 맞는 이야기라고 할 수는 없다.

선진시대의 유학자 중에서 순자는 법가의 이념을 가장 중시한 학자라고는 하지만 순자의 이론은 법가의 이론과는 확실히 본질적인 차이를 보인다. 간단히 말하자면, 우선 법의 기원 면에서 따져 본다면 순자는 '법이란 재능과 덕을 가진 군자가 역대 성왕이 쌓은 성과를 비교하는 과정에서 탄생되는 것'이라고 생각했다. 그래서 예와 법은 모두 군자와 성인을 통해 제정된다고 보았다. 이것은 '법의 제정은 단순히 자신의 통치를 유지하기 위한 수단을 제정한 것'이라는 법가의 관점과는 거리가 있다.

그 다음으로 순자는 '의'를 법의 본질로 보았다. 법은 도덕적인 작용을 가지고 있는데 이는 법가가 말하는 "성인은 의를 귀하게 여기지 않고 법을 귀하게 여긴다. 聖人不貴義而貴法"라는 관점과 확연한 차이를 보인다.

그러나 예와 법의 관계는 순자에게 있어서는 확실히 매우 중요한 문제였다. 안목이 있는 사람이라면 순자가 "무엇이 법인가?"와 같은 정의의 방식으로 '법'의 의미를 설명하기보다, 예와 법과의 관계를 통해, 또한 예라는 상위개념 하에서 '법'의 실질을 파악하고 있음을 한 눈에 알아차릴 수 있을 것이다.

순자는 "예는 법도의 표준을 창제하는 동시에 인류사회의 각종 구체적인 사물, 크게는 국가제도에서부터 작게는 인간의 행위

준칙의 구체적인 규범을 창제한다."고 보았다. 이 규범의 제정은 이치와 근거가 있으며, 우리는 각종 구체적인 규범을 통해서 그 안에 내포된 의미와 원리를 미루어 짐작한다. 이것이 바로 순자가 말한 '유형을 명확히 한다明類'라는 것이다.

결론적으로 순자는 '예란 법도를 창제하는 원칙이며 사물의 이치를 유추하는 근거'라고 보았다. 법과 비교하자면 예는 존경과 비하 중에서 존경의 위치에 놓을 수 있으며 상과 하 중에서 상의 자리에 놓을 수 있다. 일반적으로 말하자면 예와 법은 '예는 예, 법은 법'이라고 나누어 말할 수 있지만 순자는 예와 법은 마치 동전의 양면처럼 서로 연관이 있다고 여겼다.

물론 적용대상에 있어서 우리는 예와 법 간의 차이를 발견할 수 있다. 그 차이가 바로 선비 이상 계층은 예와 악으로 그들의 용도를 절제하고, 일반 백성들은 법률로 그들의 용도를 제한한다는 것이다. 얼핏 보기에 순자의 이 견해는 춘추 이전 시대의 혈연으로 계급을 구분하던 관점과 별 차이가 없는 것 같아 보이지만 순자의 전체적인 사상 면에서 분석한다면 순자의 예법 관념은 종법제도의 "서인은 예로 대우를 받을 자격이 없으며 대부는 형벌을 받지 않을 특권을 갖는다. 禮不下庶人, 刑不上大夫"라는 관념과는 완전히 별개의 관념임을 알 수 있다.

순자는 개인의 혈연이 아니라 한 사람의 재주와 덕망에 따라 권세와 위치를 분배했다. 왕과 귀족, 선비, 사대부의 자손이라 할지라도 예의에 따라 행하지 않을 경우 평민 백성으로 신분이 하락할 수 있고, 그와 반대로 평민 백성의 자손이라 할지라도 예와 의에 따라서 몸을 바르게 하고 수양을 쌓는다면 고위 계층이나 사대부로 승격될 수 있다고 여겼기 때문이다. 그러므로 순자는 사람의 덕행에 따라서 등급을 구분해, 권세와 지위까지도 박식한 학문과 고상한 인격을 갖춘 '대유大儒'와 학문과 인격이 부족한 '소유小儒'의 아래로 분류했다.

기본적으로 순자의 예법 사상 중에서 예는 국가를 다스리는 대원칙인 반면, 법은 이 대원칙 아래의 좀 더 구체적인 규칙, 정치 강령, 법도 등을 가리킨다. 예는 법보다 높은 위치에 있으며 범위도 비교적 광범위한 편이다. 순자는 예를 인간 세상에만 구속시키지 않고 우주와 만물로 확대시켜 바라보았으며, 그와 비교해 법의 지위는 비교적 협소하다고 생각했다. 순자가 논한 법은 주로 사회와 군중을 대상으로 하며 그 작용 역시 소극적이며 방어적이었다.

禮者, 法之大分, 類之綱紀也. 〈권학〉

隆禮至法, 則國有常. 〈군도〉

由士以上則必以禮樂節之, 衆庶百姓則必以法數制之. 〈부국〉

【 해 석 】

예의는 법을 제정하는 원칙이며 사물의 이치를 유추할 수 있는 근거다.
〈권학〉

예의를 존중하고 법도를 중시하면 국가는 질서가 생기게 된다. 〈군도〉

선비 이상의 관리는 반드시 예의와 음악으로 그들의 용도를 절제해야 하
고, 일반 백성들은 법률로 그들의 용도를 제한해야 한다. 〈부국〉

상상 속의 만족

나라의 임금이 예와 의를 좋아하고, 현명하고 능력 있는 신하를 기용하며 이익을 탐하는 마음이 없으면 군신과 백관 역시 충성과 신의를 다하고 신하의 직분을 엄수한다.

上好禮義, 尚賢使能, 無貪利之心, 則下亦將綦辭讓, 致忠信, 而謹於臣子矣

독일의 사회학자 막스 베버Max Weber는 "한 사물이 신성한 이유는 그것이 아름답지 않기 때문이 아니라, 그 아름답지 않은 면 때문에 신성하게 되는 것이다."라고 감탄했다.

한 사물이 아름다운 이유는 그것이 선하지 않기 때문이 아니라 그 선하지 않은 면 때문에 아름답게 되는 것이다. 그러나 한 사물이 진정성을 가지는 이유는 그 아름답지 않고 선하지 않고 신성하지 않기 때문이 아니라 그 아름답지 않고 선하지도 않으며 신성하지도 않은 면 때문에 진정성을 가지게 되는 것이다.

말만 했다 하면 진, 선, 미, 성聖을 하나로 일체화시켜 버리는 습관이 있는 유가의 입장에서는 이런 말을 듣고 있노라면 자기도 모르는 사이에 상한 음식을 먹은 것처럼 속이 불편함을 느낄 것이다.

진, 선, 미, 성이 통일되기를 염원하는 것은 인류의 이상이다. 이것은 물론 인류가 전진해 나가도록 원동력을 제공했다. 완벽한 세계를 추구하려는 이런 생각이 필요한 만큼의 바람직성 desirability을 가지고 있는지에 대해서는 우선 논의를 멈추기로 하자. 그렇지만 만에 하나 이런 바람직성이 있다 하더라도 우리는 실행가능성practicability을 획득할 만한 기초가 거의 없다고 여길 것이다.

이런 측면에서 유가에서 가장 돋보이는 사상은 뭐니 뭐니 해도 정치와 도덕의 관계에 관한 견해일 것이다. 즉, 개인의 도덕 수양을 이상적인 정치를 건설하는 기초로 본다거나 나라를 다스리고 천하를 평정하는 문제를 개인의 덕행 수양의 일부분으로 보는 견해 말이다.

선진시대의 유가 사상 중에서 순자의 정치사상은 공자나 맹자와는 매우 판이했다. 순자는 군왕을 존경했지만 세력을 이용할 줄 알았고, 후한 상을 내렸지만 벌도 집행하는 등 공리주의와 실용주의적인 태도를 보였다.

그러나 그렇다 하더라도 순자는 나라를 위해 법을 다스릴 것을 강조했으며, 대체적인 내용 면에서 보아도 그의 주장은 여전히 요, 순, 우, 3대 성왕의 통치로 요약되며 그들을 이상적인 모범으로 보았다. 《순자·군도》편에는 이런 기록이 있다.

"나라를 어떻게 다스립니까?"라고 묻자, "군주가 자신의 품격을 수양하는 방법에 대해서만 들어봤을 뿐, 나라를 다스리는 방법에 대해서는 전혀 들어보지 못했습니다. 군주는 시간을 측정하는 해시계와 같고, 국민은 그 시계에 비친 그림자라고 할 수 있습니다. 시계가 바르면 그림자도 바르게 되어 있습니다."라고 대답했다.

請問爲國. 曰:聞修身未聞爲國也. 君者儀也, 民者景也. 儀正而景正.

이 말의 핵심은 공자가 말한 "군자의 덕행은 바람과 같고 백성의 덕행은 풀과 같아서 풀은 바람이 부는 방향대로 쓰러진다. 君子之德風, 小人之德草"라는 말과 일맥상통한다.

원칙적으로 전 세계 어떤 정치 제도라도 자신의 도덕적 이상을 완전히 배제할 수는 없으며, 사실상 서양의 가장 작은 정부라 할지라도 유가와 동일하게 도덕적인 목적을 설정하고 있다.

그러나 도덕 수양과 정치는 서로 완전히 다른 영역에 속해 있다. 전자는 개인적인 일이며, 끝이 없는 일이다. 후자는 대중적인 일이요 평민에 관한 일이다. 이 둘은 대상도 다르고 성질도 다르며 방향도 다르다.

경험은 우리에게, 정치계에서 최저의 도덕 수준마저 갖추지 못한 사람들이 내놓은 정치 전략이 오히려 대중들에게 엄청난 복리를 가져다 줄 수 있고, 반면, 아무리 도덕적으로 모범이 되고 뜨거운 열정을 지닌 사람이라 할지라도 정치적으로 무능하다면 대중들에게는 재앙을 가져다 줄 수 있다는 점을 일깨워준다.

　궁극적으로 말하자면, 도덕의식의 제고는 정치적인 선을 향상시킬 수는 있겠지만, 수단과 방법을 가리지 않고 정치적 악을 제거하는 일은 할 수 없다. 그러므로 '좋은 사람이니까 정치도 잘하겠거니'라는 단순한 생각, 진, 선, 미, 성을 하나로 일치시키려는 동경은 사람들에게 상상 속의 만족만 가져다 줄 뿐, 현실적으로 가져다 줄 수 있는 만족은 미미할 뿐이다.

상패한 승자, 현대인을 꾸짖다

【원문】

上好禮義, 尚賢使能, 無貪利之心, 則下亦將慕辭讓, 致忠信, 而謹於臣子矣. 如是, 則雖在小民, 不待合符節'別契券而信, 不待探籌投鉤而公, 不待衡石稱懸而平, 不待斗斛敦概而嘖. 故賞不用而民勸, 罰不用而民服, 有司不勞而事治, 政令不煩而俗美. 〈군도〉

【해석】

나라의 임금이 예와 의를 좋아하고, 현명하고 능력 있는 신하를 기용하며 이익을 탐하는 마음이 없으면 군신과 백관 역시 충성과 신의를 다하고 신하의 직분을 엄수한다. 이렇게 되면 지위가 낮은 백성이라 할지라도 신용증을 검사하거나 영수증을 확인하지 않아도 신용을 지킬 수 있게 된다. 제비를 뽑지 않아도 공정해진다. 저울대나 저울추가 없어도 공평해진다. 또되와 말, 항아리로 곡물을 실측하지 않아도 실제 수량과 부합하게 된다. 그러므로 상을 주지 않아도 사람들은 근면하게 된다. 벌을 주지 않아도 사람들은 법을 따르게 된다. 관리들은 기진맥진할 정도로 일하지 않아도 일을 완성할 수 있게 된다. 정치 강령이 복잡하고 번거롭지 않아도 풍속은 순박하고 아름답게 변한다. 〈군도〉

입장에 따라 원근과 고저는 모두 달라 보인다

**만물은 도의 한 부분이며, 한 가지 사물은 그 한 부분 중에서도
작은 한 부분이다.**

萬物爲道一偏, 一物爲萬物一偏

가로로 보니 산줄기가 되었다가 옆으로 보니 봉우리가 되어,

멀고 가까움과 높고 낮음이 각각 다르구나.

여산의 진면목을 보지 못하는 이유는

이 몸이 산 가운데 있는 까닭이로다.

橫看成岭側成峰,

遠近高低各不同.

不識廬山眞面目,

只緣身在此山中

많은 이들에게 익숙하게 알려진 소동파蘇東坡의 이 유명한 시
는 철학적인 면에서 볼 때, 우리에게 적어도 한 가지 깨달음을 준

다. 여산의 진면목을 알기 어려운 이유는 우리가 항상 한 가지 각
도에서만 문제를 바라보고 사물을 관찰하기 때문이며, 때문에
우리가 알게 되는 것은 '산줄기'가 아니면 '봉우리'일 뿐, 여산(중국
장시성에 있는 길이 25㎞, 폭 10㎞에 이르는 명산)의 완전한 참 모습은 아니라
는 것이다.

짚신도 짝이 있다는 말이 이런 경우에 해당할까? 영국의 저명
한 철학자 프랜시스 베이컨Francis Bacon은 소동파와 동일한 생각을
가지고 있었다. 그는 '네 가지 우상' 중에 '동굴의 우상'에서 사람
의 인식의 주관성과 단편성에 대해 생생한 비유를 들고 있다.

베이컨은 각 사람은 모두 자신만의 특유한 천성을 가지고 있
으며 타인과 다른 교육배경과 성장 체험, 인생 경력 및 숭배하는
권위가 있는데, 이것은 한 개인이 어떤 동굴에 앉아 있는 것 같은
작용을 한다고 말했다. 동굴에 있으면 하늘과 땅이 좁아져 인식
에 제한을 받으며, '자연의 빛이 굴절되고 색깔도 변하게 되어' 사
물의 진면목을 정확하게 인식하고 파악할 수 없기 때문이다.

만일 사물을 관찰하고 인식하는 특수한 입장을 초월할 수 없
다고 판정된다면, 인식의 단편성은 '도의 한 부분에 불과하게 될
뿐 爲道之一偏'이다. 이는 사람에게 있어 영원히 벗어날 수 없는
숙명이다.

그러므로 쌍방이 대립하며 언쟁을 벌일 때 나는 상대적으로
더 격앙된 감정과 어조를 보이고 뭔가 더 잘 알고 있는 것 같은 일
방보다는, 오히려 침묵하며 상대방의 변론을 관심 깊게 듣는 또

다른 일방의 편을 들어주고 싶다. 왜냐하면 '도'라는 궁극적인 각도에서 본다면 논쟁에서 승리를 거둔 일방은 근본적으로 총명 속의 어리석음, 지혜 속의 무지를 보여줄 뿐이기 때문이다.

그러나 그렇다면 순자는 왜 자신의 논리에 부합하지 않는 이론과 관념들을 전부 싸잡아 요사스런 말이요, 비정통적인 학설이라고 비난했을까? 순자의 입에서 나온 말만이 그의 입을 빌어 표현된 '완전하고도 순수한' 도이고, 다른 생각은 궁색한 편견에 지나지 않는다는 것일까? 대개 보통사람이라면 모두 마음에 '거짓된 도'가 생기게 마련이다. 냉정하게 말한다면 순자에서부터 장자까지 모두 다 예외일 수 없다.

그러나 이런 논란은 우선 접어두기로 하자. 순자가 세간의 모든 박식한 유학자들을 말로 깨뜨려야 한다고 한 이유는 그들은 큰 도에 대해서는 무지하고 한쪽으로 치우쳐 있으며, 시대를 위해 '막히고 치우친 것을 풀어주려는' 순자의 현실적 존재 의미만 충분히 드러내 주었기 때문이다.

순자는 실제생활 속에서 선왕의 도가 어두워지고 예의의 논설이 쇠퇴해지는 현상이, 무엇보다도 겉보기는 '논리적인 말乙成理 같지만 실제로는 어리석은 대중을 기만하기에 충분한足以欺惑愚衆《순자·비십이자》 궤변과 요사스러운 논설 때문에 일어난다고 보았다.

교만과 자만, 부분적인 현상에 치우쳐 전체를 보지 못함, 자신의 편견에 대해서는 다른 사람들의 지지와 찬사를 얻지 못할까 두려워하고, 타인의 견해에 대해서는 늘 비난과 질책을 하려는 태도, 사물의 원하는 일면만을 보고 사물의 흉악한 일면은 보지 못하는 것, 사물의 이로운 면만을 보고 사물의 해로운 면은 보지 못하는 것 등이 바로 그것이었다.

그러므로 예의의 통치를 실천해야 하는 현실적인 요청에서 볼 때, 순자는 이런 '요사스러운 논설'은 사람들을 미혹해 옳고 그름을 판단하는데 영향을 미치고, 사람들이 예의 법도를 이행하는데 있어 중요한 장애물이 된다고 보았다.

그러므로 순자는 '알고 있다고 자만하는' 무지한 사람들을 힘써 배격하고, 사람들의 '숨기고 막혀진 화 蔽塞之禍'와 '마음과 사상의 결점 合術之患'을 풀어주려 했다. 확실히 그가 예의의 도를 실행하려 했던 절박한 현실적 관심이 그 안에 담겨져 있다고 할 수 있다. 하지만 일반적인 인지 이론으로 볼 때, 순자 역시 우리에게 '동시에 각종 사물을 함께 놓고 일정한 표준에 따라 평가 兼陳萬物而中懸衡'하는 인식방법을 제공한다.

이런 인식방법에 대해 순자는 진지하게 맹세한다. "이 방법을 알고 있으면 항상 있는 도를 체득하며 때마다 변화할 수 있고 또한 사물의 서로 다른 면들이 숨겨지지 않아 도리가 혼란스러워지지 않을 것이다. 衆異不得相蔽以亂其倫"《순자·해폐》

【원문】

萬物爲道一偏, 一物爲萬物一偏. 愚者爲一物一偏, 而自以爲
知道, 無知也. 〈천론〉
曲知之人, 觀於道之一隅, 而未之能識也. 〈해폐〉
凡人之患, 蔽於一曲, 而闇於大理. 〈해폐〉

【해석】

만물은 도의 한 부분이며, 한 가지 사물은 그 한 부분 중에서도 작은 한 부
분이다. 어리석은 사람은 한 가지 사물과 한 부분의 미세한 영역만을 연구
해놓고 전부를 다 안 줄로 착각한다. 실은 전혀 모르고 있는 것이다. 〈천론〉
한 모퉁이의 지식만을 갖고 있는 사람은 도의 한 부분만 볼 뿐, 도의 모든
것은 보지 못한 것이다. 〈해폐〉
일반인이 저지르기 쉬운 실수는 도의 한 부분에만 치우쳐 큰 도를 전체적
으로 보지 못하는 것이다. 〈해폐〉

자한 같은 보물

**군자는 자신의 품격을 연마하지 않는 것을 수치스럽게 여기며
다른 이에게서 훼방을 받는 것을 수치스럽게 여기지 않는다.**

君子恥不修, 不恥見汙

적어도 이론적으로 말하자면, 소위 도덕과 도덕적인 행위를 중시하는 태도는 근본적으로 모두 한 개인의 개인적인 의지에 따른 것이다. 그러므로 높으신 분의 명령 때문에 어쩔 수 없이 길가에 나가 '선행'을 베푸는 일이 있다면 이는 도덕 본래와는 무관한 일이다.

한 개인은 자신의 도덕인격을 존엄하게 수호할 수는 있지만 타인이 반드시 자신을 존귀하게 여기도록 할 수는 없다. 이보다 더 심각한 경우는 문화와 풍속이 날이 갈수록 천박해지고 있는 오늘날, 어떤 도덕적인 결정을 내리거나 도덕적인 행위를 했다가는 오히려 타인의 오해를 불러일으키거나 심지어 백안시되기까지 한다는 것이다.

그러므로 도덕적인 행위는 자신의 내면의 자각적인 소망에서 출발하지만 한 사람의 내면에 있는 자각적인 소망이기 때문에 세간 사람들에게 이해 받지 못할 수도 있음은 피하기 어렵다. 우리는 노력을 통해 자신을 덕망과 재능을 겸비한 사람으로 연마해 나갈 수는 있지만 사람들이 반드시 자신을 중용하도록 하거나 심지어 사람들이 반드시 자신을 이해하고, 신뢰하도록 강요할 수는 없다.

영광과 수치가 뚜렷하게 분간되지 않는 사회에서 살면서, 한 사람이 진정 도덕적인 일을 하려면 아주 큰 용기가 필요하게 되었다. 예를 들어 뇌물 수수를 해야 정상이라고 생각하는 사회에서 뇌물 수수를 거부하고 공정하고 원칙에 입각한 행동을 하는 사람이 나온다면 분명 어마어마한 '도덕적' 리스크를 감수해야 할 것이다.

전해오는 이야기에 의하면 송나라에 어떤 사람이 옥 한 덩어리를 얻게 되어 사성司城 자한子罕에게 바쳤으나 자한은 이를 거절했다. (사성은 고대 춘추시대의 관직명으로 원래는 사공司空이었는데 송나라 무공武公의 이름이 사공이었기 때문에 '사성'으로 개칭되었다.)

옥을 바친 사람이 이렇게 말했다.

"이 옥은 사람들이 옥중에서도 보배라고 하기에 특별히 당신께 바치는 것입니다."

자한이 말했다.

"저는 탐심이 없는 마음을 보물로 여깁니다. 하지만 당신께서는 옥을 보물로 여기시는군요. 만일 그 옥을 제게 주신다면 우리 두 사람은 각자 자신의 보물을 잃게 되는 셈입니다. 그럴 바에야 자신의 보물은 자신이 고이 간직하는 편이 더 낫겠습니다."

우리는 자한에게 보물이 없는 것이 아니라 남들과 다른 특별한 보물을 가지고 있을 뿐이라고 말할 수 있다. 어쩌면 도덕적인 문제가 산적한 우리 사회에서 각 사람이 모두 자한과 같은 '보물'을 내어놓는다면 처음에는 많이 어리둥절하겠지만 이는 정말 가치 있고 의미 있는 일이 될 것이다.

君子恥不修, 不恥見汙; 恥不信, 不恥見信; 恥不能, 不恥不
見用. 〈비십이자〉
君子能爲可貴, 不能使人必貴己;能爲可用, 不能使人必用己.
〈대략〉

【 해 석 】

군자는 자신의 품격을 연마하지 않는 것을 수치스럽게 여기며 다른 이에게
서 훼방을 받는 것을 수치스럽게 여기지 않는다. 자신이 신용을 지키지 않
음을 수치스럽게 여기며 다른 사람이 자신의 말을 믿지 않음을 수치스럽
게 여기지 않는다. 자신이 재능이 없음을 수치스럽게 여기며 다른 사람이
자신을 중용하지 않음은 수치스럽게 여기지 않는다. 〈비십이자〉
군자는 다른 사람에게서 존경 받을만한 일을 할 수 있지만 타인이 반드시
자신을 존귀하게 여기도록 할 수는 없다. 타인이 자신을 중용하도록 행할
수는 있지만 타인이 자신을 반드시 중용하도록 할 수는 없다. 〈대략〉

말하는 거인,
행동하는 난쟁이

배움이란 관리가 되기 위해 반드시 필요한 것은 아니지만
관리는 반드시 자신이 배운 학문을 버려서는 안 된다.

學者非必爲仕, 而仕者必如學

당나라의 문학가 한유韓愈는 다음과 같은 말을 했다.

"입으로 한 권유는 한 순간이지만, 책으로 한 권유는 백 세대까지 전해진다. 一時勸人以口, 百世勸人以書"

대략의 뜻은 입으로 한 권유는 당시에만 유익이 있을 뿐이지만, 책을 읽고 공부를 해서 하게 된 권유야말로 사람들에게 영원토록 유익을 끼친다는 것이다. 그가 말하려는 뜻은 당연히 공부가 그만큼 중요하다는 것이다.

순자는 성악설을 주장했기 때문에 순자에게 있어서 학습이란 매우 핵심적인 의미를 갖는다. 공부하지 않는다면 본성과 습관에 의지해 살게 된다. 즉, 자연적인 상태의 사람이 되는 것이다. 그러니까 이런 의미에서 본다면 순자에게 있어 배움이란 사람을 사람 되게 하는 기준이라고 할 수 있다.

그러나 이것은 우리에게 한 가지 깨달음을 준다고 볼 수 있다. 즉, 배움 자체는 사람에게 있어 옷을 입고 밥을 먹는 것처럼 잠시 잠깐이라도 없어서는 안 될 조건이다. 배움에 관하여 중국 고대부터 내려오는 이야기 중에서 우리 모두가 익숙한 말을 찾아보자. "책 속에 황금 집이 있고, 책 속에 옥 같이 어여쁜 얼굴이 있다." 이 말은 좋게 말하자면 독서와 학습의 중요성을 강조한 말로, 어떤 의미에서는 아는 것이 힘이며 지식은 재화와 돈으로 전환할 수 있다는 뜻을 담고 있다. 그러나 이 말은 수준 높은 말이라고 볼 수는 없다. 어느 정도는 공부와 배움을 개인적인 유익을 추구하는 수단으로 간주하고 있기 때문이다.

물론 수단 강구를 중시하는 이성적인 사회에서 사는 현대인에게 있어 이기적인 유익 추구는 피하기 어려운 것이 사실이다. 하지만 만일 이기적인 유익을 강구하기 위해 학교에서 배우지 않은 옳지 않은 논리도 남용할 수 있으며 나 한 사람의 유익을 위해 천하의 진리를 위배할 수 있다고 여긴다면, 이는 배움의 목적과 본의를 근본적으로 뒤엎은 것이 되고 만다.

그래서 순자는 배움의 내용이란 바로 예의와 법도가 되어야 함을 십분 강조했다. 또한 예법을 떠난 학습과 인격도야는 달면 삼키고 쓰면 뱉는 이기적인 본성에 따라 사는 '예법에 무지한 사람 無方之民《예기·경해禮記·經解》'만 생산해 낼 뿐이라고 생각했다.

그는 "지식과 재주를 모두 익혔으면 응당 벼슬에 나아가야 한다. 學而優則仕"라는 생각을 완전히 반대한 것은 아니지만 관직에 있는 사람은 반드시 배운 대로 행해야 한다는 점을 더욱 중요시 한 것만은 분명하다.

사람들 앞에서는 사회정의와 청렴결백을 목청이 터져라 외치고, 뒤에서는 남몰래 비리를 저지르고 쾌락을 추구하는 지도자가 있다면 그가 세상인심을 잃어버릴 날이 멀지 않았다는 이야기이다.

【원문】

學者非必爲仕, 而仕者必如學. 〈대략〉

【해석】

배움이란 관리가 되기 위해 반드시 필요한 것은 아니지만 관리는 반드시 자신이 배운 대로 행해야 한다. 〈대략〉

군자의 청렴한 혜택

천하는 군자를 낳고 기르며, 군자는 천하를 다스린다.
天地生君子, 君子理天地

순자가 말한 하늘이란 자연세계 속의 하늘일 뿐이다. 음양은 변
하여 사계절이 순환하고 바람과 비를 뿌리며 모든 것은 자신의
법칙에 따라 운행을 거듭한다. 혼란을 다스림은 인간에게 있기
에 순자는 "하늘과 사람의 구분이 분명해야 한다. 明於天人之
分"《순자·천론》고 했다.

즉, 하늘은 하늘의 직분이 있고 사람은 사람의 직분이 있다는
것이다. 사람으로서 우리는 최선을 다해 자신의 본분을 감당해
야 한다.

"하늘은 만물을 나게 하지만 만물을 다스릴 수는 없다. 대지
는 백성을 담고 있지만 백성을 다스릴 수는 없다. 天能生物, 不能
辨物也; 地能載人, 不能治人也"《순자·예론》는 말처럼, 하늘은 만
물을 생성하기는 하지만 다스릴 수는 없다. 나게 하는 것은 천지

의 직능이며 자연적인 것이다.

진정으로 다스림을 행하는 것은 예의법도이다. 그리고 이런 예의와 법도는 군자에게서 나온다. 그러므로 천하국가의 다스림은 돌고 돌아 그 책임이 군자에게로 돌아온다.

사실, 《순자》를 자세히 읽어보면 우리는 순자가 '군자'를 '예' 못지않게 중요시한다는 것을 알 수 있다. 그 원인은 아마도 군자에 의해 예의가 발생되고, 군자는 예의를 표현하는 주체이기 때문일 것이다. 군자가 없다면 천지만물의 법도와 질서, 인문 세계의 기강과 통치가 나타나거나 제정될 방법이 없다.

그러므로 순자의 눈에 군자란 "말을 할 때는 일정한 선을 유지해야 하며, 행동을 할 때는 일정한 기준을 가지고 있어야 한다. 言有壇宇, 行有防表"《순자·유효》라는 말의 상징이요, 또한 "조급하지 말고, 숨기지 말며 맹목적이어서는 안 되고, 대화의 대상에 따라 신중하게 발언해야 한다. 不傲,不隱,不瞽, 謹順其身"《순자·권학》라는 말의 모범인 존재였다. 더욱이 군자란 "말재주가 없더라도 다른 사람에게 신임을 받으며, 화를 내지 않더라도 얼굴에 위엄이 흘러넘치며, 곤경에 빠졌다 할지라도 매우 영광스럽게 느낄 수 있으며, 고독하더라도 즐거워할 수 있는 不言而信, 不怒而威, 窮處而榮, 獨居而樂"《순자·유효》 이상적인 인격의 화신이었다.

순자의 사상 중에서(물론 순자뿐만이 아니라 다른 유가사상도), 정치는 문화의 왕좌를 차지했으며 이는 항상 도덕교화의 형식으로 표현되었다. 자연히, 이 책임을 져야 할 사람은 유가의 선비요 군자였다.

그러나 도덕은 개인의 인격수양을 하는 일이요, 정치란 나라와 국민을 다스리는 일이기에 두 가지 일은 대상이 서로 다르고, 방향과 방식, 방법도 서로 다른 개념이다. 도덕 교육을 통해 도야한 개인의 정신으로 정치와 백성을 다스리는 객관적인 정신을 대신하게 된다면 결국 도덕과 정치라는 두 마리의 토끼를 전부 놓치는 허무한 결과를 맞이하고 말 것이다.

【 원 문 】

天地生君子, 君子理天地. 君子者, 天地之參也, 萬物之總也, 民之父母也. 無君子, 則天地不理, 禮義不統, 上無君師, 下無父子, 夫是之謂至亂. 〈왕제〉

【 해 석 】

천지는 군자를 낳고 기르며, 군자는 천하를 다스린다. 군자는 천지와 함께 하는 가운데 태어났으며 만물의 최고 통치자요 백성의 부모가 된다. 군자가 없으면 천지는 질서를 잃고 예의는 통치자를 잃는다. 그러므로 사회와 가정은 혼란에 빠지며 이를 지극한 혼란이라고 부른다. 〈왕제〉

원칙이 없으면
일은 이뤄지지 않는다

먹줄을 정확하게 표시해 놓으면 굽은 것과 바른 것이 일목요연해진다.

繩墨誠陳矣, 則不可欺以曲直

순자는 예를 매우 중요시했는데, 예는 순자의 사상 중에서 정치제도와 행위규범이라는 이중적인 의미를 갖는다. 물론 이 이중적인 의미의 예는 모두 공자에서 그 연원을 찾을 수 있다. 예를들어 행위규범으로서의 예에 대해 공자는 이렇게 말했다.

예가 아니면 보지 말고 예가 아니면 듣지 말며 예가 아니면 말하지 말고 예가 아니면 행동하지 말라.

非禮勿視, 非禮勿聽, 非禮勿言, 非禮勿動

또한 정치제도 혹은 국가 성질을 결정하는 예에 대해 공자가남긴 말이라면 자연히 이런 말을 떠올릴 것이다.

정치적인 명령으로 백성을 다스리고 형법으로 그들의 질서를 바로잡으면, 백성들은 범죄 후 형벌을 면제받기만 구할 뿐 마음에 수치심은 생기지 않는다. 도덕으로써 백성을 인도하고 예의로써 그들을 교화시키면 백성들은 수치심이 생길 뿐 아니라 자발적으로 순종하려는 마음이 생기게 된다.

道之以政, 齊之以刑, 民免而無恥; 道之以德, 齊之以禮, 有恥且格

그러나 예의 기원을 논하는 각도에서 본다면 순자의 예란 단순히 '환경에 어쩔 수 없이 대처하며 생겨난' 산물이라는 생각이 떠오르게 한다. 왜냐하면 순자는 사람이란 출생과 함께 욕망을 가지고 태어나, 욕망이 있지만 얻지 못하고, 구하지만 제한선이 없기 때문에 이로 인해 분쟁이 생겨난다고 보았기 때문이다. 그러므로 선왕은 예의를 제정하여 한계를 정하고, 사람의 욕망을 키워주고 사람들이 구하는 것을 얻도록 했다. 이런 상황이라면 예는 환경의 필요에 의해 생겨난 규칙이며, 예의는 일종의 도구적인 가치를 지니는 것처럼 보인다.

말은 비록 이렇게 하더라도, 인류 문명의 발달 및 그 성취는 모두 어느 정도 환경에 '어쩔 수 없이 대처하는' 과정에서 생겨나지 않았을까? 순자는 학설의 초점을 '인간의 도'에 맞추고 있지만 악을 다스리며, 인간의 성질을 교화시켜 선을 유도하는 등 예가 가진 순기능은 바로 사회 통제를 실행하는 기준이 되었다.

순자는 예를 개인 수양의 기준으로 보았을 뿐 아니라, 나라 전체를 관통하는 보편적인 '선'으로 보았다. 다른 말로 바꿔 말하자면, 순자는 예가 가진 규범적 정확성을 강조했다. 예는 먹줄, 곱자와 그림쇠 등 도량도구가 객관성과 공평성을 가지는 것처럼, 만물을 공정하게 계량하는 기준이 된 것이다.

이 뿐만 아니라, 순자는 이 예를 '하늘과 땅이 합하며, 해와 달이 빛을 발하고, 사계절이 순서대로 순환하는 天地以合, 日月以明, 四時以序' 근거를 삼았다. 이렇게 우주 전체의 질서 자체 역시 '예'를 나타내게 되는 것이다. 그러므로 사람이 만일 예에 따라 행동하고 예에 따라 살아간다면, 전체 우주 질서의 일부분으로 동화될 것이다.

만일, 맹자가 예의 초점을 법령 제도에서 사람에 내재된 덕성으로 전환시킨 행동이 획기적인 변환이었다고 한다면, 예를 우주질서의 화신이요, 도량형과 같은 정확성의 개념을 가졌다고 보는 순자의 관점은 더욱 현실적이며 독창적인 획기적 변환이 아닌가? 이렇게 획기적인 변환은 다만 규범을 규율로 변환시켰을 뿐이다. 규범과 규율은 단 한 글자의 차이지만 그 의미는 하늘과 땅 차이라고 할 수 있다.

【원문】

繩墨誠陳矣, 則不可欺以曲直; 衡誠縣矣, 則不可欺以輕重; 規矩誠設矣, 則不可欺以方圓; 君子審於禮, 則不可欺以詐 僞. 故繩者, 直之至; 衡者, 平之至; 規矩者, 方圓之至; 禮 者, 人道之极也. 〈예론〉

人無禮不生, 事無禮不成, 國家無禮不寧. 〈대략〉

【해 석】

먹줄을 정확하게 표시해 놓으면 굽은 것과 바른 것이 일목요연해진다. 저울추와 저울대를 정확하게 만들어 놓으면 가볍고 무거운 것이 일목요연해진다. 곱자와 그림쇠를 정확하게 만들어 놓으면 네모와 원이 일목요연해진다. 군자가 예에 정확하고 빈틈이 없으면, 사람의 간사함과 허위는 일목요연하게 드러난다. 그러므로 먹줄은 곧음의 극치이며, 저울추와 저울대는 평형의 극치이고, 곱자와 그림쇠는 사각형과 원형의 극치이다. 반면 예는 인간의 도의 극치이다. 〈예론〉

사람은 예를 떠나서는 생존할 수 없으며, 일은 예를 떠나서는 이룰 수 없고, 국가는 예를 떠나서는 평안을 누릴 수 없다. 〈대략〉

▌ 질서 관념 ▌

전국의 윗사람과 아랫사람이 모두 한마음으로 의를 행한다면 하루 안에 천하에 이름을 떨칠 수 있다.

以國齊義, 一日而白

유가가 가지고 있는 특징 중의 하나는 독특한 질서관념일 것이다. 샤를 몽테스키외Charles de Montesquieu는 이에 대해 이렇게 생각했다. "중국의 성현이 …… 가장 중요시하는 소망은 오로지 내 나라가 평안하고 잘 다스려지는 것뿐이다."

'평안하고 잘 다스려지는 것'이란 사회에 체계가 잡혀있고 질서 정연함을 가리킨다. 물론 이것은 다른 학파가 질서 문제를 중시하지 않았다는 이야기는 아니며, 다만 유가가 매우 강렬한 질서 관념을 가지고 있음을 강조한 이야기이다.

순자가 처했던 시대는 니체Friedrich Wilhelm Nietzsche가 말한 '모든 것이 허용되는' 시대와 유사했다. 기강은 무너지고 사회는 따라야 할 귀감을 잃었다.

"사회는 왜 질서 유지가 가능한가?"라는 토마스 홉스Thomas

Hobbes 식의 지성적인 질문은 순자의 눈을 딱히 사로잡지 못했지만, "사회의 질서를 어떻게 건설하는가?"라는 규범적인 질문은 그의 마음속의 영원한 주제가 되었다. 그리고 예는 이 주제의 중요한 핵심이 된다.

순자가 말하는 예는 우리가 일반적으로 이해하는 가치규범의 의미 외에도 중요한 특징을 갖는다. 즉, 질서의 건설 기능이다. 이 기능을 실현하는 실질은 바로 '구분'에 달려 있다.

순자가 볼 때, 사람과 동물을 구별하는 차이점 중 하나는 사람이 '함께 모여 살 수 있다는 것群', 즉 사회조직 건설이 가능하다는 것에 있었다. 그러나 이런 사회조직을 질서 있게 운용하려면, 각 사회 구성원간에는 '구분'이 기초가 되어야 한다.

'구분'이란 임금과 신하, 위와 아래, 연장자와 연소자, 귀한 사람과 천한 사람, 각 사람이 자신의 직분을 엄격히 지키며, 각자 자신의 위치에서 자신의 일을 하며 자신의 직무를 다하는 것을 말한다.

물론, 순자의 구분은 광범위한 의미를 포함한다. 예를 들어 재화의 분배, 옳고 그름의 분별, 사회의 분업, 계급의 구분 등등 말이다. 그러나 그 핵심은 직분을 확정하는데 있다. 순자는 예법제도를 통해 사회 각 계층을 서로 다른 등급으로 나누었으며 매 등급에는 모두 상응하는 행동규범을 정해놓았다.

다른 말로 말하자면, 구체적인 예법제도로 사회 각 계층은 각기 자신의 위치에 해당하는 권리와 의무를 부여 받게 된다는 것

상쾌한 순자, 현대인을 꾸짖다

이다. 이렇게 사회 전체는 더욱 질서정연해지게 된다. 유리 다인 즈Yuri Dines는 이런 견해를 피력했다.

순자에게 있어 사회란 완벽한 기계다. 각 사람은 자신에 적합한 신분을 알 수 있고, 어떤 자원을 가지고 어떻게 '예'에 근거해 행동하는 지 알 수 있다. 이 이상적인 사회기계는 최고 통치자인 천자가 고요하며 아무 일도 행하지 않는 무위의 경지에 이를 수 있도록 도와준다. 또, 사회의 등급을 통해 '예'가 최고의 관리 원칙이 되도록 확실하게 보장한다. 그러므로 큰 존경을 받아왔던 주나라의 예법을 포함하여, 번잡하게 보이기만 하는 의식들은 모두 '예로 다스리는' 기본 원칙의 구체적인 한 단면일 뿐이다. 예의 다스림의 기본원칙은 만대가 지나도 변하지 않을, 사회조직에 있어 필수불가결의 요소이다. '예'는 언제까지나 사회질서를 주도하는 영원한 원칙이다.

禮者, 貴賤有等, 長幼有差, 貧富輕重皆有稱者也. 〈부국〉
以國齊義, 一日而白. 〈왕패〉

【 해 석 】

예의 작용은 귀하고 천함에 차등을 주고, 연장자와 연소자에 분별을 주
며, 빈자와 부자, 권세가 큰 자와 작은 자, 각 사람에게 자신의 등급에 맞는
적절한 규범을 준다는 것이다. 〈부국〉

나라의 윗사람과 아랫사람이 모두 한마음으로 의를 행한다면 하루 안에
천하에 이름을 떨칠 수 있다. 〈왕패〉

▌ 무명옷의 복음 ▌

하늘과 땅이 형성된 후 위와 아래의 구별이 생겨났다.

有天有地而上下有差

국가의 기강을 질서정연하게 유지하기 위해, 플라톤은 자신의 저서 《국가》에서 이상국가의 정치 청사진을 구상했다. 플라톤의 견해에 따르자면 인간의 영혼은 이성, 의지와 정감, 세 부분으로 구성되며 이에 상응하여 세 가지 미덕, 즉 지혜, 용기, 절제가 존재한다고 여겼다.

이와 함께 그는 이상 국가란 통치계급, 무사, 노동자라는 세 가지 계급으로 구성된다고 생각했다. 통치계급은 철학 훈련을 받은 지혜롭고 국가를 관리할 수 있는 능력을 가진 극소수의 사람을 가리킨다. 무사란 그들의 의지와 용기로써 국가를 지킨다. 노동자 계급은 정욕의 화신으로서, 그들의 미덕은 절제이다.

만일 각 계급의 사람들이 모두 자신의 영역의 일을 제대로 해낸다면 국가는 정의롭게 된다. 하지만 이상국가를 이 세 가지 계급으로 나눈 기준은 무엇인가? 플라톤은 재산이나 출신 성분이 아닌 개인의 천부적인 능력 평가를 계급 구분의 기초로 삼았다. 그러므로 계급의 구분은 천부적인 차이를 근거로 한다.

선진 유가 사상가 중에서 순자 역시 등급의 구분을 매우 중시했다. 순자는 예의 통치를 주장했으며, 그를 통해 욕심을 절제하는 동시에 사회의 물질이 증가하는 효과를 거두도록 하며, 이 두 과정이 서로 비례적으로 증가하도록 했다. 그러므로 예의 최종 목적은 '기름養'이며 그 수단은 '구별別'이다. 소위 '구별'이란 사회 사람들의 계급을 구분한다는 것이다.

순자는 한 국가 안에 사람들의 지위가 평등해 빈부귀천의 차등이 없다면 그 나라는 다스릴 수가 없다고 여겼다. 한번 생각해 보자. 관리 간에 상하등급의 차별이 없다면 행동과 의지는 관철할 수가 없으며 누구나 타인의 말을 들을 이유가 없어진다. 그러므로 국가에 등급이 나눠져 있다는 것은 자연계에 하늘과 땅, 상하의 구분이 있는 것과 마찬가지로 매우 자연스러운 현상이다.

그러나 플라톤이 등급을 개인의 천부적인 재능과 연관시킨 것과 순자의 구분은 조금 다르다. 순자는 예의로서 차이를 두었고, 서로 다른 등급을 나누는 것은 자기 마음대로 함부로 판단할 수 없고 반드시 개인의 현명함과 능력 여부에 따라야 한다고 여겼다.

그러므로 이런 의미에서 순자는 대대로 녹을 받는 문과제도를 반대했다. 현명하지 않고 덕이 없는 사람은 귀족의 지위를 줄 수 없고 재능이 없는 사람은 관직을 하사할 수 없다고 여겼다. 더욱 중요한 것은 왕공이나 귀족의 자제라 할지라도 만일 언행이 검증되지 않고 예의에 부합하지 않는다면 서민으로 신분을 강등시켜야 하며, 서민의 자제라 할지라도 열심히 공부하여 예의에 따라 인격을 연마했다면 귀족과 재상, 사대부까지 발탁될 수 있다고 주장했다.

중국 현대 정치학자 샤오궁취안蕭公權 선생은 순자에 대해 이런 해석을 덧붙였다.

지극히 고상한 의미를 진술했으며 그 도리는 매우 정당하다. 불평등한 사회에서 평등을 암시했으며, 위로는 덕으로써 지위가 상승한다는 공자의 이상을 계승하고 아래로는 진한 시대의 무명옷을 입은 평민 재상과 관리의 기풍을 열었다. 대대로 지위를 세습한다는 맹자의 주장을 볼 때, 순자는 봉건 사회의 영향을 더 확고하게 벗어나 쇄신을 향하고 있음을 알 수 있다.

有天有地而上下有差, 明王始立而處國有制. 夫兩貴之不能相
事, 兩賤之不能相使, 是天數也. 〈왕제〉

雖王公士大夫之子孫也, 不能屬於禮義, 則歸之庶人. 雖庶
人之子孫也, 積文學正身行, 能屬於禮義, 則歸之卿相士大
夫. 〈왕제〉

【해석】

하늘과 땅이 형성된 후 위와 아래의 구별이 생겨났으며, 현명한 군왕이 왕
위에 오른 후 나라의 다스림을 위해 등급 제도를 제정했다. 두 사람이 동일
하게 고귀하다면 서로 상대방을 섬길 수 없다. 두 사람이 동일하게 비천하
다면 서로 상대방을 부릴 수 없다. 이는 자연의 도리이다. 〈왕제〉

비록 귀족자제라 할지라도 언행이 예의에 부합하지 않는다면, 그의 신분
을 강등시켜 서민이 되게 해야 한다. 서민의 자제라 할지라도 학문을 쌓아
지혜로우며 몸가짐이 바르고 인격을 도야했으며 예의에 부합하는 사람이
라면 그를 등용해 귀족과 재상, 사대부로 높여야 한다. 〈왕제〉

❮ 정부의 책임 ❯

**백성을 다스리는 사람은 먼저 다스림과 혼란의 한계를
확실히 표시하여 백성들이 잘못을 범하지 않도록 해야 한다.**

治民者表亂, 使人無失

얼마 전까지만 해도 주식시장의 시세는 한 가지 단어로 표현이
가능했다. 바로 '미쳤다'라는 말이다. 이 '미쳤다'라는 말은 대략
세 가지 뜻을 포함한다. 즉 주가지수가 미쳤다. 주식 하는 개미들
이 미쳤다. 주식 하는 개미들이 미칠 정도로 늘어났다는 것이다.

중국의 주가지수가 1,000포인트에서 4,000포인트까지 올라가
는 데는 겨우 반년 정도 밖에 걸리지 않았다. 그런데 주식 시장에
빠진 개미들의 일일 증시 참여자 수는 최근 30만 명을 돌파했다.
이 숫자들을 비교해보면 주식 투자자 모두가 광적인 정도에 도달
했다는데 의문의 여지가 없다. 사람들은 모두 개미가 되고, 집에
서도 주식 이야기를 하고, 회사에서도 주식투자에 몰두한다. 주
식이 마치 생활의 전부가 된 듯한 인상이다.

더욱 이해하기 어려운 부분은 주식시장의 개미들 중 적지 않은 수가 자신의 재산 전부를 주식에 투자한 것은 물론, 자신의 노인연금, 심지어 개인주택까지 담보로 대출 받아서까지 전부 주식투자에 쏟아 붓고 있다는 것이다. 이런 비정상적인 현상 때문에 미디어마저 "만일 (하늘이) 한 사람을 죽이려고 작정하면, 먼저 그 사람을 미치게 만든다."라며 탄식을 쏟아낼 정도가 되었다.

'주식시장 리스크 심각, 주식투자 입문자들은 반드시 신중해야' 이것은 정부가 수많은 개미들에게 경고하는 고리타분한 광고표어다. 그러나 거대한 이익의 유혹 앞에서 개미들은 위험에 대한 신중함보다는 주식시장이라는 케이크의 향기로운 냄새에 더 많이 이끌리고 있다. 사람들은 모두 이 케이크에서 자신의 몫을 챙기기를 희망하고 있다. 이것은 사람의 본성인데 누가 이 본성을 제지시킬 수 있을까?

정부는 자신이 해야 할 일을 다 한 것처럼 보이기도 하지만, 사실은 그렇다고 할 수도 없다. 이것은 적어도 정부가 투자경로의 확장 면에서 극단적인 빈곤을 겪고 있음을 보여주고 있다. 한번 생각해보자. 겨우 10마리를 넣을 수 있는 닭장 안에 억지로 닭 100마리를 우겨 넣는다면, 결과는 닭들이 답답해서 죽든지 혼란의 도가니가 될 뿐일 것이다.

엎친 데 덮친 것은 주가지수의 비정상적인 성장을 막기 위해, 일부 정부 관리들은 주식 거래 관련 인지세를 인상하지 않을 것이라고 약속해놓고 12시 한 밤중에 벼락같이 인지세를 천분의 일에서 천분의 삼으로 인상시키겠다는 선언을 해버린 것이다. 일반 서민들이 느끼는 정부는 신용이 없고, 내세우는 정책은 한밤중에 홍두깨를 내리치듯 양민을 습격하고 있다. 결국 주가지수는 대폭 하락하게 되었다.

정부의 짓거리란 이것뿐이 아니다. 원래 법규에 따르자면 한 주식의 연속 3일 간 하락폭이 20%를 초과할 경우, 거래를 잠정 중지하고 한 시간 동안 상장을 금지해야 한다. 그러나 증권 감독위원회는 이 규정을 일시적으로 변경시켜 거래 중지가 되어야 할 주식도 주식시장에서 버젓이 거래가 되도록 허용했다. 개미들은 정부의 이런 행동들을 도무지 이해할 수 없어 큰 충격에 빠졌다.

할 수 있는지 없는지는 별개의 사안이겠지만, 순자는 지도자의 직책을 특별히 강조했다. 그는 예의로 나라를 다스려야 하며, 예의는 준칙, 규범이요, 법의 커다란 분류이자, 기강이라고 보았다. 사람이 이런 준칙과 규범을 잃어버린다면 길을 잃게 된다. 마치 강을 건너는 사람이 물의 깊이를 몰랐다가는 익사하고 말 수밖에 없는 것처럼 말이다.

나라를 위해 일하는 사람은 반드시 정부의 관리면에서 그에 상응하는 정책, 법규를 제정해 백성들이 '미쳐' 죽어나는 대신 안심하고 행동할 수 있도록 해야 한다.

순자는 강한 국방력과 군대, 높은 성벽과 깊은 해자 등은 모두 사회질서를 충족시켜주는 조건이 아니며, 엄한 명령과 많은 형벌, 경찰과 교수대 역시 통치의 위엄을 드러내주지 못한다고 보았다. 그는 오직 예의에 따라 예의를 준수할 때 사회가 조화롭고, 국민들은 잘못을 저지르지 않으며 익사하지 않게 된다고 여겼다.

최근 주식시장에서 발생한 여러 가지 문제들은 사실, 누차 방지하려고 했지만 근절되지 않는 광산 사고와 마찬가지로 주된 책임은 국민과 민중에 있는 것이 아니며 응당 정부의 관리 소홀을 탓해야 할 것이다.

【원 문】

水行者表深, 使人無陷; 治民者表亂, 使人無失. 〈대략〉

【해 석】

강을 건너는 사람은 먼저 물의 깊이를 표시하여 다른 사람들이 익사하지 않도록 해야 한다. 백성을 다스리는 사람은 먼저 다스림과 혼란의 한계를 확실히 표시하여 백성들이 잘못을 범하지 않도록 해야 한다. 〈대략〉

법제는 있지만
법치는 없다

법은 스스로 설 수 없으며, 도는 스스로 행할 수 없다.

法不能獨立, 類不能自行

지도자 한 사람의 의지에 따라 나라를 다스리는 현상에 대해 현대 중국인들은 거의 학을 떼었다고 할 수 있다. 현대 중국 정치가 만들어낸 무계획, 무질서, 구속력 없는 권리, 밀실정치, 부정부패 등등은 중국의 현대화를 심각하게 가로막았기 때문이다. 사회에 떠도는 유행어는 이런 민심을 잘 반영해 준다.

"국유기업 중에는 손해 안 본 기업이 없지만 공장장 중에는 부자 안 된 사람이 없다."

"투기로 폭리를 취했고, 알랑대는 아부쟁이가 발탁되었다. 사기와 속임수는 표창을 받고, 뇌물 받고 위법하는 일을 배웠다."

물론 사회에서 떠도는 말들은 다분히 극단적인 면이 있기는 하지만 '불완전한 법제'와 지도자 한 사람에 의지한 정치 상황 속에서 빈번하게 반복되는 사회의 혼란상을 측면적으로 관찰하기에는 이만큼 좋은 것도 없다.

지도자의 의지에 따른 정치현상이 초래하는 낭비는 경악할 정도라고 한다. 통계에 따르면, 정책 아이디어의 결정(맹목적인 건설, 중복 건설) 착오, 이미지 프로젝트, 기관장 프로젝트 등의 원인으로 매년 대량의 프로젝트가 폐기되며, 수많은 중대 프로젝트들이 불합격 처리되고 있다고 한다. 이런 프로젝트 때문에 흥청망청 먹고 마시는 데 사용되는 공급규모만 해도 천문학적인 숫자로, 보기만 해도 몸서리가 쳐질 정도다.

하지만 '불완전한 법제'라는 말은 단지 부분적인 실정만을 설명했을 뿐이다. 다른 각도로 문제를 바라보면 이런 말은 그저 핑계에 불과함을 알 수 있기 때문이다. 중국에 아무리 엄격한 법제가 있다 하더라도 우리는 이 법제가 진열품으로 전락하는 비극을 막아내지 못했다. 다른 말로 이야기하자면 상당히 오랜 세월 동안 중국에는 법제만 존재할 뿐 법치는 존재하지 않았던 것이다.

이것은 법치의 근본이 일종의 특수한 형식이라고 할 수 있는 '사람'과 관계되기 때문이다. 물론 이런 사람은 순자가 말한 '그 사람을 얻다得其人', '나라를 다스리는 사람이 있다有治人'의 '사람人'이 아니다. 왜냐하면 순자의 중심생각은 법은 스스로 설 수 없다는 것이기 때문이다.

아무리 좋은 법제라도 법을 집행하는 사람을 떠나서는 스스

상패한 순자, 현대인을 꾸짖다

로 독립적인 작용을 할 수 없다. 하나라 우 임금의 법이 아무리 좋다고 하더라도 하나라 왕조는 이미 오래 전에 멸망해버렸다. 그 원인은 우 임금의 후대 자손이 우 임금의 법을 받들어 지키지 않았기 때문이다.

그러므로 법을 다스리는 '치법治法'이 이뤄진다고 해서 반드시 '치국治國'이 이뤄지는 것은 아니다. 나라를 다스리기 위해서는 반드시 군자가 필요하고 군자의 행동은 바로 사람에 의한 다스림이 된다. 백성 모두가 군자인 '군자국'이 아닌 한 그렇다. 따라서 순자는 선진 유학자 중에서 법과 형벌을 가장 중요시하긴 했지만 그의 관념도 기타 유학자들과 전혀 다를 것이 없다.

법제가 없다면 우리는 신속하게 법제를 건립할 수 있다. 그러나 법제를 담당하고 추진하며 법치를 이뤄나갈 사람은 무엇보다도 먼저 '형식적 보편물'이 되어야만 하며, 이는 매우 기나긴 과정이다. 다른 말로 말하자면, 법을 운용하는 사람이 자신의 신분을 벗어버리고 형식화되지 않는다면, 즉 한마디로 말해 법을 생명의 일부분으로 보고 법률의 지시만을 따라 행동하지 않는다면, '법이 있어도 적용할 수가 없는', '솜방망이 법 집행'으로 변해 아이들이 부르는 유행가처럼 우리의 귓가를 떠나지 않고 윙윙 울려댈 것이다.

有亂君, 無亂國; 有治人, 無治法. 〈군도〉

法不能獨立, 類不能自行, 得其人則存, 失其人則亡. 法者, 治
之端也, 君子者, 法之原也. 〈군도〉

국가를 혼란스럽게 하는 군주는 있지만 본래부터 혼란스러운 국가는 없
다. 국가를 안정시키는 인재는 있지만 국가를 저절로 안정시키는 법제는
없다. 〈군도〉

법은 스스로 설 수 없으며, 도는 스스로 행할 수 없다. 나라를 다스리는 데
능한 사람이 있으면 법제는 그 작용을 하게 되고, 이런 사람이 없으면 법제
는 본연의 작용을 상실한다. 법제는 나라를 다스리는 시작이요, 군자는 법
제의 근원이 된다. 〈군도〉

▌3장▐

순자,
참사람으로 이끌다

상패한 순자
현대인을 꾸짖다

❰ 성격이 운명을 결정한다? ❱

사람의 본성이란 자연적으로 형성된 천부적인 것이다.

凡險者, 天之就也

한 사람의 본성과 한 사람의 성격은 어떤 관계가 있을까? 조금 거창하게 이야기한다면 이 주제만으로 두꺼운 논문 한 권은 써야 할 테고, 간단하게 이야기한다면 성격은 본성을 포함한다고 말할 수 있다. 하지만 성격을 형성하는 요소는 본성 하나만이 아니다. 본성이란 태어날 때부터 가지고 있는, 노력으로는 얻어질 수 없는 선천적인 것인데 반해 성격은 사람이 태어나서 사회생활을 거치며 형성되는 후천적인 것이기 때문이다.

사람의 본성에 대한 순자의 관점은 선천적이며 자연적으로 생성된 것으로, 배워서 얻어지는 것도, 단련해서 연단되는 것도 아니라는 것이다. 마치 배가 고프면 밥이 생각나고, 추우면 옷을 입고 싶으며 자신에게 이익이 되는 것을 좋아하고 타인을 질투하고 미워하는 것처럼 말이다. 만일 예의와 스승의 가르침을 본받음으로 이런 본성을 교육시키지 않는다면, 결과는 어떻게 될까? 성악설을 전제로, 각자의 이익을 위해서 사람은 계약을 통해 국가를 만들어 '자연권'을 제한하고, 국가를 대표하는 의지에 그것을 양도해 그에 복종해야 한다고 보았던 영국의 철학자 토마스 홉스Thomas Hobbes가 주장한 것처럼 사람과 사람 간의 관계는 늑대의 관계와 똑같아질 것이다.

순자는 사람의 본성을 반드시 변화시켜야 하며 이에 대해 전혀 문제가 없다고 굳게 확신했다. 악에 물든 검은 양심이 될지, 선에 감화된 맑고 깨끗한 양심이 될지 관건은 '모범적인 사회기풍과 습속을 배양 注錯習俗'하는 후천적인 노력과 '선천적인 본성을 다듬는 인위적인 노력 化性起僞' 능력에 달려 있다.

순자의 이야기가 아닌 중국인들이 자주 말하는 속담으로 말하자면 "강산은 쉽게 변해도 본성은 변하기 어렵다."라는 말이 된다. 순자도 이 점을 인식했음이 분명하다. 그러나 여기서 순자가 말하는 '변하기 어렵다'라는 말은 절대 변할 수 없다는 뜻은 아니었다. 즉, 누구나 다 요 임금이나 순 임금 같은 위대한 성왕이 될 가능성은 있지만 실제로 누구나 다 요 임금과 순 임금이 될 수는 없는 것과 같은 이치다. '본성은 변하기 어렵다'는 말에서 '본성'이란 사람의 선천적인 본성뿐 아니라 성격까지 포함하고 있다.

중국에는 이런 설도 있다. 즉 "자신의 성격이 자신의 운명을 결정한다."라는 설이다. 성격을 운명과 연관시켜 한 사람을 분석하고 더 나아가 사람을 평가하는 수단으로까지 발전시킨 것이다.

비록 철학적인 이론을 들어 설명을 하기는 했지만 이 말의 더 적절한 주제는 인물 평가나 인물 감정이 될 것이다.

중국에서 인물 평가는 본래 정식 학문의 하나였다. 하지만 웬일인지, 이 학문은 현재 날이 갈수록 그 명맥을 잃어가고 있다. 위나라 초기에 유소劉劭가 저술한 《인물지人物志》는 실제로 인물 품평을 체계적으로 다룬 놀라운 책이다. 원칙적으로 사람은 조물주의 조화의 결정체라고 할 수 있지만 저마다 세상을 살면서 보여주는 생생한 모습, 서로 다른 성격과 재능에 따라 나타나는 삶의 자태는 매우 다양하다. 이들의 운명에 대한 연구 및 품평을 하는 이 분야는 이미 인물과 관련된 진지한 하나의 학문으로 자리 잡았다.

조금 더 직접적으로 이야기한다면 우리가 인생에서 자신의 꿈을 이루고자 할 때에도, 결국 그 밑바탕은 자신의 성격과 재능이 된다. 그러므로 자신을 아는 것이야말로 자아완성의 첫 걸음이다. 여기서 한 개인의 기품과 품격은 그의 성격에서 벗어날 수 없다. 기질이 평범하고 일반적이지만 고차원적으로 생각하는 사람은 격조가 높고 탁월한 삶에 적합하며, 기질이 민감하며 임기응변이 빠른 사람은 총리나 이사가 되는 것이 적당하다는 등의 예가 그렇다. 좀 더 극단적으로 이야기하자면 사방 천지에 금덩이가 널려 있다 하더라도 모든 사람이 다 허리를 굽혀 금덩이를 주울 수 있는 것은 아니라는 것이다. 각 사람의 운명과 자신의 성격과는 아주 큰 상관관계가 있다.

혜강嵇康은 삼국시대 죽림칠현의 한 사람으로서 타고난 기재였다. 사람들은 그를 '교룡의 재능과 봉황의 자태를 지닌 타고난 인재'라고 평가했다. 그러나 그의 성격은 매우 교만하며 사납고 고집스러웠다. 정치적인 원인을 배제하더라도, 불혹의 나이에 사마소司馬昭에 의해 피살된 원인 중 하나는 이런 성격 때문이라고 할 수 있다. 사마소는 삼국시대 위나라의 대신 사마의司馬懿의 둘째 아들로, 서진 초대 황제인 무제武帝 사마염司馬炎의 부친이다.

어느 날, 혜강이 술을 마시고 있을 때에 친한 친구인 산도山濤에게서 편지 한 통이 날아왔다. 산도의 자는 거원巨源이며, 진나라의 문인으로 역시 죽림칠현의 한 사람이다. 편지에는 권력자와 충돌을 일삼지 말고 남보다 잘났다는 교만한 마음과 강하고 불같은 성질을 버리고 조정에 돌아와 관직생활이나 잘 하라는 산도의 권유가 적혀 있었다.

이 편지를 읽은 혜강은 벼락같이 화를 내며, 즉시 '산거원과의 절교서與山巨源絶交書'라는 편지 한 통을 썼다. 편지에서 혜강은 번잡하고 불필요한 사회의 각종 허례허식에 대해 큰 불만을 토로했다. 그는 세상의 모든 규칙은 조잡하고 사람에게 보여주기 위해 만들어졌을 뿐, 그 본질은 단지 세상의 명예와 이름을 좇는 탐욕에 불과하다고 질타했다.

그는 명교名教, 즉 인륜의 명분을 밝히는 가르침이라는 유교의 규율을 뛰어넘어 본래의 인성에 순응해야 한다고 제안할 뿐 아니라,

부패한 왕조를 무너뜨렸던 상나라의 탕왕과 주나라의 무왕을 부정하고 주나라의 예와 공자를 업신여겨야 한다고 주장했다.

혜강은 지금은 그저 시골에 은거하며 술 한 잔에 비파 한 곡조를 벗 삼아 조용히 살고 싶다며 만일 산도가 관직에 오르도록 억지로 강요한다면 자신과는 철천지원수가 될 것이라고 못 박았다.

혜강은 다 쓴 편지를 친한 친구 완적阮籍에게 넘겨주었다. 완적은 편지를 본 후 혜강의 기개를 크게 칭찬했다. 이때 마침 역시, 죽림칠현 중에 하나인 향수向秀가 찾아왔기에 완적은 이 편지를 다시 향수에게 보여주었다. 하지만 향수는 편지를 읽고는 대경실색하여 말했다.

"편지에서 주공周公과 공자를 경멸한다는 대목은 무슨 일이 있더라도 삭제해야 하네. 그렇지 않으면 국가의 기강을 부정하는 것이 되고, 큰 화를 불러일으키게 될 것이네."

하지만 혜강은 이 말을 듣고는 껄껄 웃으며 말했다.

"이 편지의 가치가 바로 거기에 있는 게지. 아무런 성깔도 없이 장수하는 사람이 되기보다는 화끈한 성격으로 살다가 요절하는 것이 낫네."

과연 그의 예상대로, 혜강의 편지가 산도를 통해 조정에 전해진 후, 사마소는 262년에 "교만 방자하여 세상을 멸시하고 사회를 혼란시켰으며 백성을 현혹한다."는 죄명으로 40세의 혜강을 참수형에 처했다.

혜강은 악한 세상을 원수처럼 혐오하는 기풍과 함께, 성격과 운명 간의 관계에 대한 많은 생각과 형장에서 은은히 울려 퍼지던 '광릉산廣陵散'도 남겨놓았다. 광릉산은 고대의 유명한 곡조를 혜강이 각색하여 연주한 것으로 유명하다.

이론상으로 사람의 성격은 변할 수 있다고 하긴 하지만 사실상 이론처럼 마음대로 변하기가 쉽지 않다. 송나라와 명나라의 이학자들은 근 600년 동안 '기질을 변화시키기' 위해 무던히도 노력했지만 결국 "우리가 변화시킬 수 있는 것은 다만 기질에 관련된 부수적인 문제 몇 가지일 뿐 기질 자체를 완전히 변화시킬 수는 없다."고 탄식할 수밖에 없었다.

【 원 문 】

凡險者, 天之就也, 不可學, 不可事. 〈성악〉

【 해 석 】

사람의 본성이란 자연적으로 형성된 천부적인 것이다. 배워서 얻어지는 것이 아니며, 단련해서 연단되는 것이 아니다. 〈성악〉

상패한 승자, 현대인을 꾸짖다

침묵의 대화

말하는 법을 배우는 것처럼 침묵하는 법도 배워야 한다.

知默, 猶知言也

순자의 철학은 역사적으로 뛰어난 '언변'으로 유명했다. 언변의 목적은 선왕의 도와 예의 전통을 기초로 하는 공통감을 촉발하여 대중을 무지에서부터 해방시켜주는 데에 있다. 이 과정은 순자의 유파에서는 사실상 예의를 통한 교화과정이라 표현되며, 이 교화과정을 거쳐 개별성에 빠져있던 개인은 보편성을 지닌 존재로 변화하게 된다. 즉 선왕의 법도에 따르며 예의를 이룰 수 있는 존재가 되는 것이다.

그러나 순자는 침묵에 대해서도 이야기했다. 소위 '침묵'이라는 것은 '말할 수는 있지만 말할 필요성이 없거나, 말하고는 싶지만 말을 할 수 없는 상태'를 가리킨다.

《여씨춘추 · 정유呂氏春秋 · 精諭》에서는 이렇게 말한다.

"성인은 서로 말을 하지 않더라도 상대방의 생각을 알 수 있고,

상대방이 하려는 말을 먼저 꺼낸다. …… 승서勝書는 말이 필요 없는 말을 할 수 있고, 주공 단旦은 말이 필요 없는 말을 들을 수 있다. 聖人相諭不待言, 有先言言之者也. …… 故勝書能以不言說, 而周公旦能以不言聽"

《문자·도덕文子·道德》편에서는 이렇게 말한다.

"상등의 학문은 신이 듣고 중등의 학문은 마음이 들으며 하등의 학문은 귀가 듣는다. 上學以神聽, 中學以心聽, 下學以耳聽"

반면 남송 시대의 저명한 철학가이자 교육가인 상산선생 육구연陸九淵의 말은 더욱 기가 막힌다.

"만일 '나는 할 말이 없다'라고 말한다면 사실상 이미 말을 한 것과 다름없다. 如日 '子欲無言', 即是言了"

장자가 말한 "지극히 도리가 있는 말은 말을 할 필요가 없다. 至言去言"라는 말과 비슷한 여운을 남겨준다.

사실상, 현실생활 속에서 우리는 언어로 표현되지 않았거나 혹은 언어로 표현할 수 없는 지식을 기초로 생각하고 느끼며 평가하고 행동한다. 노르웨이의 철학자 헤럴드 그리먼Harald Grimen은 이렇게 말했다.

모든 행동과 상호작용 속에서 우리는 어떤 일을 당연한 결과로 여긴다. …… 우리가 명확하게 의심하며 탐구하고 획득하기 원하는 사물과 비교하자면, 이런 것들은 아무런 의미도 없는 배경이나 시계視界가 된다. 대다수의 경우, 우리가 이미 가지고 있는 사물은 우리가 적극적으로 집중적인 연구를 통해서 얻은 결과가 아니라 단순한 사회화의 산물이거나 사회화의 산물이 내포한 것, 혹은 사전에 가설한 것이다. 그러나 일단 그 문제가 되지 않는다고 가설한 것들에 변화가 생길 경우, 우리가 품었던 각종 질문과 기타 신념은 모두 그 의의를 상실하게 된다.

'언어로 표현할 수 없는 지식을 기초로' 생각하고 느끼며 평가하고 행동한다는 것은 다음과 같은 의미를 갖는다.

첫째, 어떤 지식은 반드시 언어를 빌려 표현할 필요가 없으며, 둘째, 이런 무언의 표현방법 역시 전달과 깨달음이 가능하다. 그렇지 않다면 이런 지식은 의미를 상실하게 된다. 셋째, 이런 지식의 전달과 깨달음이 가능한 까닭은 바로 사회화의 결과에서 기인한 것이다.

유가 전통에서 말하는 "군자의 도는 광대하고 정밀하다. 君子之道費而隱"라는 말이나 민간에서 전해지는 "항상 접하는 사물은 습관이 되어 무슨 문제가 있는지 알 수가 없다. 習焉而不察", "백성은 날마다 큰 도 속에서 생활하고 있지만 자신이 도 속에서 살아가고 있는지 알지 못한다. 日用而不知"라는 말들은 모두 일종의 '침묵'의 개념을 표현하고 있다. 그래서 이야기를 하지 않더라도 우리가 이래저래 생각을 하고 행동할 때에는, 사람들에게 그럴만하다는 이해도 받고 인정을 받을 수도 있다.

"눈빛으로 말하고 마음속으로 셈한 것은 말할 필요가 없다. 目

語心計, 不宣唇齒"는 말처럼, 어떤 때는 굳이 말로 설명하지 않아도 눈썹을 치켜 올리거나 눈동자를 굴리는 행동만으로도 감정과 뜻을 전달할 수 있다.

"수금이 전해주는 정취만 알면 되지 구체적인 현과 음까지 생각할 필요가 있는가? 但識琴中趣, 何勞弦上音?"

도연명에게 줄이 없는 수금이 하나 있었는데, 어떤 이가 줄 없는 수금이 무슨 쓸모가 있느냐고 묻자 도연명이 대답한 말이다.

이와 비교해 본다면, 언어 자체는 일종의 선택사항이 된다. 우리가 일상생활의 경험 속에서 자주 사용하는 '이심전심', '텔레파시가 통한다'라는 말은 어떤 의미에서는 '대화'가 가능한 침묵의 또 다른 이름일 것이다.

【원문】

言而當, 知也; 默而當, 亦知也. 故知默, 猶知言也. 〈비십이자〉

【해석】

적절한 말을 할 줄 아는 것은 지혜이며, 적절한 침묵을 지킬 줄 아는 것도 지혜이다. 그러므로 말하는 법을 배우는 것처럼 침묵하는 법도 배워야 한다. 〈비십이자〉

▌ 도덕의 부도덕성 ▐

효자가 불순종하는 까닭은 자기 가족을 존중하기 때문이다.

孝子不從命乃敬

문화대혁명 기간, 타인을 돕다가 목숨을 희생한 레이펑雷鋒이 중국 인민해방군의 모범용사로 마오쩌뚱毛澤東에 의해 선전되면서 레이펑을 배우자는 열기가 전 중국에 끓어오르던 시기가 있었다. 당시 '레이펑 정신'의 핵심은 '노인을 도와주고 타인을 돕는 것을 기쁨으로 삼자'는 것이었다.

이것은 1980년대 초에 실시한 국민교육 운동으로, 문명·예절·위생·질서·도덕을 강조하고, 마음·언어·행동·환경을 아름답게 하며, 조국·사회주의 제도·당을 사랑할 것을 주요 내용으로 하는 오늘날의 '5강 4미 3열애五講四美三熱愛 운동' 만큼이나 신문과 방송에서 연일 화제가 되어 전국에는 이 정신을 모르면 간첩일 정도로 유명하게 되었다.

어느 날 새벽녘, 한 젊은이가 새벽운동을 하러 나오다가 노인 한 명이 삼륜차에 귀중품을 한가득 싣고 다리 입구의 오르막길을 힘겹게 오르고 있는 모습을 발견했다. 아마도 삼륜차에 실은 물건이 너무 무거웠던 탓인지 노인은 삼륜차 페달을 밟는 것조차 버거워했다.

젊은이는 '타인을 돕는 것을 기쁨으로 삼는' 레이펑 정신이 떠올라 얼른 뛰어가 노인이 삼륜차를 탄 채 다리로 올라서도록 힘껏 도와주었다. 또 노인이 다리에 오른 후에도 저 멀리 사라질 때까지 오래오래 뒷모습을 전송했다.

얼마 후 이 젊은이가 막 자리를 뜨려고 할 때 붉은 완장을 찬 노동자 규찰 대원 두 명이 황급히 뛰어오더니 이렇게 물었다.

"방금 전에 삼륜차를 몰고 가는 사람 못 봤습니까?"

젊은이는 15분쯤 전에 어떤 노인 하나가 삼륜차를 타고 이곳을 지나갔노라 대답하며 자초지종을 물었다. 그러자 노동자 규찰 대원은 이렇게 대답했다.

"그 사람은 회사의 귀중품을 훔쳐 삼륜차를 타고 도망치는 중이었습니다."

젊은이는 단지 '타인을 돕는 것을 기쁨으로 삼자'는 도덕규범에 따라 좋은 일을 하려고 했을 뿐이었는데 결과적으로 도둑이 순조롭게 도망을 치도록 도와준 꼴이 되고 만 것이다.

이 이야기를 들은 사람들은 곧바로 이 젊은이를 위해 변호할 것이다. 이 젊은이의 행동은 선한 동기에서 비롯되었는데, 당시 노인의 행동에 대해 진상을 알지 못했기에 실수를 했을 뿐이라고 말이다.

이 이야기에 대한 구체적인 토론은 접어두기로 하자. 그러나 이 이야기는 우리에게 이런 사실을 알려준다. "상황과 진상을 제대로 분별하지 못하고 단순한 규범만을 따라 행동할 때 오히려 목적과 반대되는 일을 할 수 있다."

다른 말로, 우리는 도덕규범의 가르침을 언제 어디서나 준수해야 하지만 도덕규범을 적용할 때는 반드시 때와 장소의 변화에 따라 융통성 있게 변화를 꾀해야 한다. 또한 기계적이고 교조적인 태도, 고집불통의 태도로 일관해서는 안 된다는 것이다.

서양에서 말하는 '상황 윤리학Situation Ethics' 및 현대에 꽤 유행하고 있는 '공동체주의communitarianism'는 중국의 전통철학 중에서 '경經'(불변하는 진리)과 '권權'(선을 이루기 위해 사용하는 수단)의 관계라는 문제를 건드린다.

확실히 사람마다 각자가 처한 도덕상황, 처하고 있는 도덕문제는 매우 복잡하다. 어떤 상황 속에서 한 사람은 반드시 도덕적 결단을 내려야 할 뿐 아니라 심각할 경우에는 자신의 생명까지 그 대가로 내놓아야 한다. 그러므로 전혀 변하지 않는 도덕규범으로 변화무쌍한 도덕상황을 대응하려는 노력은 도덕규범 자체를 사람의 행동을 옭아매는 족쇄로 만드는 것이 아닐 수 없다.

그러나 다양한 상황에 따라서 융통성 있게 도덕규범을 적용하자는 주장은 모든 도덕규범의 정당성이 완전히 상황, 혹은 어떤 시간이나 장소에 따라 결정된다는 이야기가 아니다. 미국의 유명한 도덕·사회 철학자인 아브라함 에델Abraham Edel은《윤리학 판단》이라는 책에서 이런 말을 했다.

"서로의 의견이 맞았다면 이것은 도덕적이라고 할 수 있다."

이 말처럼 도덕규범을 융통성 있게 적용하는 최종목적은 '다른 방식을 통해' 도덕규범의 가치와 목표를 달성하자는 것이지 서로 충돌을 일으키자는 것이 아니다. 이것이 바로 순자가 말한, 세상이치에 통달한 사람이라는 '통사通士'의 내적 의미이다.

효를 예로 든다면, 자녀로서 부모의 말에 순종을 하는 것이 당연한 도리지만 어떤 특수한 상황에서는 부모의 뜻을 순종하는 것이 오히려 부모에게 해가 되고, 반대로 부모의 말을 거역하는 것이 부모에게 이익이 될 수 있다. 이런 상황에서 부모의 명에 불순종하는 것은 외적으로는 효라는 도덕규범을 위반한 것 같이 보이지만 최종적인 결과 면에서 볼 때 진정한 효로 인정받을 수 있는 실질적인 내용에 부합한 것이라 볼 수 있다.

순자의 이런 관념은 "남녀는 서로 접촉하며 친근해서는 안 된다. 男女授受不親"라는 대원칙을 지키지만, 구체적인 상황에 따라서는 "형수가 물에 빠졌을 때는 구조의 손길을 내밀어야 한다. 嫂溺, 援之以手"라는 융통성을 보이는 맹자의 생각과도 완전히 일치한다.

물론 '경'과 '권'의 각도에서 규범과 규범의 융통성 있는 적용을 해석한다면 아마도 많은 사람들이 이 융통성을 인정할 것이라고 믿는다. 그러나 다른 시각에서 본다면, 공자, 맹자에서부터 순자에 이르는 이런 사고방식은 유가윤리학이 '실질윤리학'이지 결코 '형식 논리학'이 아님을 보여주는 증거라고 할 수 있다.

현대화라는 절박한 요청에 당면한 중국 민족에게 있어 이런 실질윤리학은 그 정신과 행동 면에서 볼 때 좋다고 할 수도 있겠지만 이것을 족쇄라고 한다면 족쇄라고 할 수도 있을 것이다. 그 것도 아주 무거운 족쇄가 된다.

從命則親危, 不從命則親安, 孝子不從命乃衷; 從命則親辱,
不從命則親榮, 孝子不從命乃義; 從命則禽獸, 不從命則修
飾, 孝子不從命乃敬. 〈자도〉

【해석】

부모의 뜻에 순종하면 가족이 위험해지며, 순종하지 않으면 평안하다. 그
렇다면 효자는 부모의 뜻에 순종하지 않는 것이 가족을 진정 사랑하는 길
이다. 부모의 뜻에 순종하면 가족이 수치를 당하게 되고 순종하지 않으면
영광을 얻게 되니, 효자는 부모의 뜻을 따르지 않는 것이 가족에 의로운
일을 행하는 길이다. 부모의 뜻에 순종하는 것은 그 가족을 짐승의 부류로
전락시키는 것이요, 불순종은 가족을 군자로 연단시키는 길이다. 그러므
로 효자가 불순종하는 까닭은 자기 가족을 존중하기 때문이다. 〈자도〉

❰ 증상과 처방 ❱

예의와 신의는 언제 어디서나 선한 법도이다.

扁善之度

공자가 말한 "군자에게는 세 가지 경계할 것이 있다. 君子有三
戒"라는 교훈을 기억할 것이다. "소년시절에는 혈기가 불안정하
니 성생활 방면에 있어 방종하지 않도록 경계해야 한다. 장년시
기에는 혈기가 왕성하니 화를 내고 다투지 않도록 경계해야 한
다. 노년시절에는 혈기가 쇠퇴하니 버리지 못함과 탐욕을 경계해
야 한다. 少之時, 血氣未定, 戒之在色; 及其壯也, 血氣方剛, 戒
之在鬪; 及其老也, 血氣既衰, 戒之在得"

이는 공자가 인생의 혈기의 변화를 근거로 제시한 경계와 권면
이며 그 목적은 의지력을 길러 혈기의 충동에 따라 행동하지 않
도록 사람들을 지도하려는 데에 있다. 사실, 이것이 바로 순자가
말한 "기를 다스리고 마음을 보양 治氣養心"하는 능력, 즉, 기질
을 변화시키는 능력이다.

그러나 맹자도 순자와 유사한 관점을 가지고 있다고는 하지만, 순자의 개념은 맹자의 개념과는 큰 차이를 보인다. 맹자는 "자신의 마음으로 돌아가 마음으로 모든 일을 처리하라."고 말한다. 지극히 크고 강한 호연지기浩然之氣를 배양해 이 호연지기가 천지를 가득 채우면 기질 상의 각종 병도 극복할 수 있다고 말이다.

하지만 순자는 인간의 본성과 욕망을 그대로 인정하고 긍정했다. 순자에게 있어 중요한 것은 예의에 부합하는지 아닌지 여부였으며 그렇기에 "성인은 욕망에 따르며 감정도 완전히 쏟아내지만, 다스려야 할 일은 잘 다스린다. 聖人縱其欲, 兼其情, 而制焉者理矣"《순자·해폐》라고 말했다.

순자가 본 맹자는 자신을 돌이켜 반문했을 때 진실한 마음이 되며 헛된 상상이나 극단적인 생각이 내면의 고요함을 어지럽히지 않도록 하는 것만을 강조하고 또 강조했다. 심지어 행동이 덕스럽지 못하다는 이유로 아내까지 내쫓으려 했다.

맹자의 아내가 혼자 안방에 있을 때 다리를 벌리고 앉아 있었다.

맹자가 문을 열고 들어와 이를 보고는 화가 나서 어머니께 말했다.

"여자가 예의가 없군요. 소박을 보내십시오."

맹자의 어머니가 물었다.

"왜 그러는 게냐?"

맹자가 말했다.

"방안에서 두 다리를 쩍 벌리고 앉아 있지 뭡니까?"

상패한 순자, 현대인을 꾸짖다

맹자의 어머니가 물었다.

"네가 그걸 어떻게 알았느냐?"

맹자가 말했다.

"방금 전에 제 눈으로 똑똑히 보았습니다."

그러자 맹자의 어머니가 정색을 하고 말했다.

"그건 네가 예의가 없는 것이지 네 처가 예의가 없는 것이 아니다. 《예기》에도 '대문으로 들어갈 때에는 집안에 누가 있는지 물어야 한다. 방으로 들어설 때에는 소리를 내서 안에 있는 사람이 준비하도록 해야 한다. 방문을 열고 들어갈 때는 눈을 아래로 내리깔고 방안에 있는 사람이 아직 준비하지 못해 당황하는 모습을 피해야 한다.'라고 적혀 있지 않느냐? 그런데 오늘 너는 네 처가 있는 안방에 들어가면서 소리도 내지 않았으니, 네 처가 다리를 벌리고 앉았다가 너 때문에 얼마나 놀랐겠느냐? 이건 분명히 네가 무례한 것이지 네 처가 무례한 것이 아니다."

그래서 맹자는 자신의 잘못을 뉘우치고 다시는 소박 이야기를 꺼내지 못했다.

—《한시외전韓詩外傳》

하지만 스스로 강해지려는 '자강自强'의 능력은 위기상황 앞에서 끊임없이 참고 인내한다는 이야기이지, 이런 노력을 통해 근본적인 치료를 받았다는 이야기는 절대 아니었다. 이와 반대로 성인은 예악이 어우러진 생활 속에서 인간의 욕망을 자연스럽게 해소시킬 수 있기 때문에 이를 악물고 참을 필요가 전혀 없다.

그러나 말은 이렇게 해도 사람의 기질적 병에 관한 한, 순자는 맹자보다 훨씬 더 정확하고 완벽하게 이해했다. 순자는 사람의 극단적인 기질에는 아홉 가지 서로 다른 현상이 있으며 이것은 아홉 가지 방식으로 치료를 해야 한다고 여겼다.

예를 들어 혈기가 왕성한 사람은 타인과 싸움을 좋아하므로 부드러움을 더해주어야 한다. 지혜와 염려가 많은 사람은 속셈이 깊게 감춰져 있으며 오해도 많기 때문에 이를 풀어 솔직하고 직선적인 성격으로 바꿔주어야 한다. 용맹하지만 극단적인 감정에 자주 눈물을 흘리는 사람은 충동적이기 쉬우므로 원리를 설명해 냉정함을 찾도록 해야 한다. 언행이 너무 성급한 사람은 매 순간 차분하게 여유를 갖도록 해야 한다. 마음이 좁은 사람은 마음을 넓혀 도량이 커지도록 해야 한다. 비열하고 이익을 탐하는 사람은 고결한 방법을 통해 감동할 수 있는 계기를 만들어 주어야 하며, 세속적이며 스스로 반성하지 않는 사람은 스승과 친구들이 옛 습관을 버리도록 도와주어야 한다. 자포자기하는 사람은 그런 삶의 방식이 가져올 재난에 대해 알려주어 스스로 경계하도록 해야 한다. 어리숙하며 순박한 사람은 드러나는 재능이 그다지 많지 않으므로 예의와 음악으로 삶에 색채를 더하도록 치료를 해주어야 한다.

사람은 얼굴이 서로 다르고 숨겨진 병도 서로 다르다. 사람의 기질적인 병을 이렇게 상세히 관찰하고 예의에 비추어 치료 방법을 제시한 사람은 선진시대 유학자 중에서 순자가 유일하다.

인지하는 마음, 통합적인 마음

마음은 육체의 통수권자이자 의식의 주재자다.

心者, 形之君也, 而神明之主也

순자는 마음을 높이 평가하여 통치자의 위치에 놓았다. 하지만 순자의 마음에 기본적인 정의를 한다는 것은 매우 골치 아픈 일이다. 그 이유는 첫째, 순자가 마음에 대해 논술할 때에는 많은 부분에서 이성적인 인식의 특징을 보여주었다는 것이며, 둘째, 마음의 내용이란 상당히 광범위하고 마음의 각종 작용을 포함하고 있기에, 단순히 '천군', '정지(征知, 마음의 사유 활동을 통해 오관을 통해 얻은 인식에 분류, 분별, 취사선택을 하여 객관적인 사물을 더 깊이 이해하는 것)' 등의 용어로 규정짓기에는 너무 복잡하다는 것이다. 당대의 철학가인 탕쥔이唐君毅 선생은 대략 이런 이유 때문에 순자의 마음을 '통합적인 마음統類心'이라고 보았다.

이와 달리 머우쭝싼 선생은 순자가 말한 마음을 아주 분명하게 구분했다. 머우 선생은 두 가지를 지적했다. 첫째, 순자의 마음은 단지 인식하고 사고하며 판단하는 마음이지 도덕적이거나 인의를 행하는 마음이 아니라는 것이다. "이 지성적인 마음은 분명한 사고와 판단 인식을 위주로 한다."

이런 마음의 특징을 가장 잘 표현한 것이 바로 물에 관한 비유 부분이다. 순자는 다음과 같이 여겼다.

"사람의 마음은 나무접시에 담긴 물과 같다. 단정하게 놓고 움직이지 않으면 찌꺼기는 가라앉고 맑은 물은 위에 모여 사람의 수염과 눈썹을 비춰볼 수 있으며 살결까지 비춰볼 수 있다. 그러나 작은 바람만 불어와도 아래에 있던 찌꺼기는 움직이고 위에 있던 맑은 수면은 어지럽혀져, 사람의 온전한 모습을 비춰볼 수 없게 된다. 人心譬如槃水, 正錯而勿動, 則湛濁在下, 而清明在上, 則足以見須眉而察理矣. 微風過之, 湛濁動乎下, 清明亂於上, 則不可以得人形之正也"《순자·해폐》

물이 맑으면 자연스레 사물을 비춰볼 수 있는 것처럼 마음이 맑으면 저절로 사물의 이치를 볼 수 있게 된다. 순자는 "겸허한 마음으로 마음을 집중하여 냉정하게 사물을 관찰하면 정확한 인식을 할 수 있다. 虛壹而靜"라는 말을 하기는 했지만, '지혜로운 인식하는 마음'이라는 그의 말은 도덕주체(마음 밖의 이치)가 아니라 지성주체를 나타낼 뿐이며 그 인지방식 역시 외재적이며 대상적인 관찰일 뿐임을 말하는 것이다.

이것은 순자가 서방문화의 주류와 같은 길을 갈 수 있는 주요 원인이 된다. 그러나 이 길을 계속 가다 보면 지식 상으로도 경험주의와 실재론에 그칠 뿐, 진정한 초월의식과 도덕적 이상주의는 존재할 수 없다. 그러므로 머우 선생은 이렇게 말했다.

"일반적으로, 주체라는 면에서 본다면 이지적 이성주의라고 할 수 있고, 객체라는 면에서 본다면 외재적 혹은 실재론적 이성주의지만 진정한 이상주의는 끝내 되기가 어렵다. 순자가 그러했고, 서방 그리스의 전통을 계승한 사람들 역시 그러했다."

다른 한편으로 마음에 대한 순자의 발언은 인지를 갖춘 기능적인 마음이라는 의미일 뿐이지, 가치를 지닌 존재론적인 마음이라는 의미는 아니다. 그렇다면 여기에서 비롯되는 예의 법도의 발생은 사람의 신체가 진정한 근원이 될 수 없다. 비록 순자는 지혜로운 마음이 냉철한 판단을 함으로써 본성을 다스릴 수 있다는 주장은 했지만, 마음이 하는 선택이 필연적인 정확성을 가지고 있다고는 절대 믿지 않았으며, 그렇기 때문에 그는 도를 표준으로 삼아야 한다고 주장했다. "일단 도를 떠나 마음이 가는 대로 선택을 하게 되면 화와 복이 과연 어디에 있는지 알지 못하게 된다. 離道而內自擇, 則不知禍福之所托"《순자·정명》

도는 응집된 개념이며 예의와 법도는 나누어진 개념이다. 그러므로 머우 선생은 "순자는 실제로 말하자면, 지혜로운 마음 자체로 본성을 다스리는 것이 아니라 예의를 통해 본성을 다스린다."고 보았다. 인지하는 지혜로운 마음은 예의를 알 수 있고 행할 수 있다. 그래서 지혜로운 마음이 가진 냉철한 판단의 기능을 놓고 이야기한다면, '외재적인 명확성을 발하는 의미'를 갖게 되고, 누적된 습관을 통해 얻게 되는 작용을 놓고 이야기한다면, '경험적인 의미'를 획득하게 되는 것이다. 그러나 어찌되었든 간에, 예의와 법도란 사람의 인성 속에 본래부터 내재되어 있던 요소가 아니라 성인의 노력 여하에 달린 요소이다. 그러므로 순자는 이렇게 말했다.

"성인은 열심히 사고를 반복하고 인위적인 사리를 습관화하여, 이로써 예의를 제정하고 법도를 건립했다. 그렇다면 예의와 법도는 성인의 인위적인 노력의 결과이지 본래부터 인간의 본성에 의해 생겨난 것이 아니다. 聖人積思慮, 習僞故, 以生禮義, 而起法度. 然則禮義法度者, 是生於聖人之僞, 非故生於人之性也"

《순자·성악》

비록 이론적으로는 인성이 악하다면 어떻게 성인이 탄생할 수 있느냐는 추궁에 제일 먼저 대답을 해야 맞겠지만, 이 문제는 우선 접어두기로 하자. 순자는 예의와 법도란 성인의 노력을 통해 탄생한 것이요, 인간의 본성에서 나온 것이 아니라고 주장했는데, 이에 대해 머우 선생은 순자가 자신의 사상이 초래한 두 가지 모순을 감당하기 벅찰 것이라고 판단했다.

순자 사상의 첫 번째 모순은 그가 말한 예의와 법도가 도덕의 의미를 포함하기는 하지만, 내재적인 인의의 마음에 기초를 두지 않았기 때문에 외재적으로 자연주의에 기초를 둘 수밖에 없다는 것이다. 문제는 바로 여기에 있다.

"예의란 분명 세계의 일의 가치를 매기는 것이지만 가치의 근원은 도덕적인 인의지심에 근거하지 않을 수 없다. 그것이 예의에 관련된 의식이나 제도로 변화할 경우, 상황에 맞는 적절한 조치를 취해야 하긴 하겠지만 그 근원은 절대로 밖이 아니라 안이 되어야 한다. …… 자연주의에 기초한다면, 그 결과는 반드시 가치를 없애버리고 순식간에 예의가 없는 상태로 변화된다고 말할 수 있다. 그가 학문을 전달한 제자가 이사와 한비자인 것에 왜 이런 이유가 없겠는가?"

두 번째 모순은 순자가 성인의 성정이 뭇사람과 같다고 여겼다면, 성인이 예의와 법도를 만들어 낼 수 있는 여부는 덕성에 달린 문제가 아니라 재능에 달린 문제가 될 것이다. 만일 정말로 그러하다면 이 예의와 법도는 한 순간에 가능성 제로는 아니지만 원한다고 해도 쉽게 이뤄질 수 없는 일로 전락해버린다. 확실한 보증도 없고, 필연성도 없으며 보편성도 없다. 결과적으로 "길가는 보통 사람도 우 임금이 될 수 있다."라는 말은 빈말이 되고 예의의 융성 역시 눈속임을 면할 수 없게 된다.

그러나 다른 한 편으로는 순자가 말한 마음이란 본래 그저 두루뭉술한 개념에 불과했다는 것을 알 수 있다. 마음은 천관天官(감각기관)과 오관五官(눈, 귀, 입, 코, 피부)을 제외한 일종의 내재적인 기능을 지시하는 데 사용되었을 뿐 이성적인 인식작용만을 하는 주체를 가리키는 전문용어는 아니었다.

사실상 순자의 마음은 "마음이 지극히 유쾌하여 뜻을 이루지 못함이 없고 心至愉而志所詘"《순자·정론正論》와 같이, 각종 측면에서 정서적인 기능까지 구비하고 있다. 만일 마음이 이성적인 분별만 할 뿐 실천이성이 아니라면 이 마음은 가치와 규범적인 의미를 갖춘 당위적 사물에 대해 어떻게 판단을 내릴 것인가? 예를 들어 '귀천을 분별하고', '혐의를 판결하며', '옳고 그름을 정하는' 등 말이다. 또 이 마음은 사람이 "옳고 그른 것을 명백히 깨달아 실수 없이 행하리라. 知明而行無過"는 것을 어떻게 보장할 수 있을까?

【원문】

心者, 形之君也, 而神明之主也, 出令而無所受令. 〈해폐〉
心居中虛, 以治五官, 夫是之謂天君. 〈천론〉

【해석】

마음은 육체의 통수권자이자 의식의 주재자다. 마음은 사지와 백체를 지배하며 사지와 백체의 지배를 받지 않는다. 〈해폐〉
마음은 가운데 비어있는 곳에 위치하며 오관을 통치한다. 마음은 형체의 자연적인 주재이며, 천군이라 불린다. 〈천론〉

▌ 인간 행위의 제어장치 ▐

마음은 자신을 비우고 몰입하며 또 고요할 수 있기 때문에 알 수 있다.
虛壹而靜

맹자와 순자 사상의 차이점을 살펴본 사람이라면 성선설과 성악설에 시선을 자주 고정시키기 마련이다. 이 문제에 관한 두 사람의 관점은 너무나 대립적이고 두드러진다. 그래서 기타 중요한 문제의 차이점을 가리기가 어려울 정도다. 마음에 대한 이해는 그중의 한 가지 문제에 불과할 지도 모른다.

맹자, 순자 두 사람은 사실, 마음을 매우 중시했지만 마음의 이해에 대해서는 아주 미세한 차이점을 보였는데, 이런 차이점은 매우 큰 연관성이 있다. 맹자는 마음을 본심이라고 말했다. 맹자는 사람이란 자발적으로 어떤 행동을 하게 되는데, 그 행동은 합리적인 행동이 된다고 보았다. 즉, 사람은 본심과 양심적인 지혜에 따라 행동하지 사리사욕을 만족시키기 위해 행동하지 않는다는 것이다. 예를 들어 우물가에 있는 아기를 보게 되면 도움

146

의 손길을 뻗치게 되는 것, 이는 완전히 마음의 자발적인 행위라는 논리이다.

리예리李耶立는 이에 근거하여 맹자에게 있어 마음의 주요한 작용은 이런 자발적인 활동에 전심하도록 하며, 이 활동의 확대를 도와서 사지에까지 적용시키며 모든 행동을 주입하는 것이라고 보았다.

그러나 순자에게 있어 마음이란 형체와 감관의 주재일 뿐만 아니라 의식의 주재이기도 하며 외부의 영향에 의해 변화되지 않는 존재이다. 사람의 입은 외부 힘의 협박 아래서, 침묵을 하거나 억지로 말을 하게 된다. 사람의 형체는 외부 힘의 협박 아래서 굽히거나 펴지게 된다. 그러나 마음은 외부 힘의 협박에도 불구하고 의지를 바꾸지 않고 옳은 것을 옳다고 하고 틀린 것은 틀리다고 한다. 그러므로 이런 마음은 '주도적인 마음'의 성질을 갖는다. 물론 맹자의 마음 역시 주재의 작용을 갖는다. 그러나 순자에게 있어 마음의 이런 주도 작용은 맹자와 같이 본성에 따라 행하고 추진해나가는 것이 아니라 본성을 따르면서 나쁜 방향으로 발전하는 자발적인 활동을 초월하고 극복하는 데에 있다.

사실, 순자가 주장한 성악설에서 시작해 그의 논리를 말하자면 그다지 복잡하지는 않다. 욕망의 만족을 추구하는 것이 사람의 본성이지만 사람은 하고 싶은 대로만 행동하지 않고 인정된 조건 아래서 만족한다. 이것이 바로 마음에서 비롯된 작용이다.

마음은 예의를 알고 있는 만큼 표준을 인정하게 된다. 그러므로 마음은 과분한 욕망에 따른 행동을 제지할 수도 있고, 과분해지는 행동을 충동질할 수도 있다. 마음의 이런 주도적인 작용 때문에, 마음의 추구가 합리적이라면 욕망이 아무리 많더라도 해가 되지 않는다. 만일 마음의 추구가 비합리적이라면 욕망이 아무리 적더라도 혼란이 그치지 않게 된다.

하지만 만일 마음이 어떻게 이런 주도적인 작용을 할 수 있느냐고 묻는다면? 답은, 마음은 알 수 있다는 것이다. 다른 말로 하자면, 마음은 선입견이 없으며, 전심으로 몰입하여 헛된 생각을 하지 않으므로 도리에 맞는 합리적인 생각을 하도록 하며, 이로써 옳고 그름을 분별해낼 수 있다는 말이다.

유가에는 오래 전부터 이상 두 가지의 서로 다른 노선이 존재해왔다. 하나는 본심의 자발성을 강조하는 노선으로, 인내심으로 성정을 움직이고 정좌를 통해 욕심을 절제하는 수양방법을 중시해왔다. 또 다른 노선은 도에 대한 마음의 인식과 이해를 강조하며, 교육과 탐욕을 배출하는 활동을 통해 이성으로써 감정을 다스리는 법을 중시해왔다. 그 대신 자기 능력을 의지하고 스스로 인내하는 '능력 노선'을 부인한다. 후자는 어쩌면 순자가 우리에게 남겨준 유산일지도 모른다.

여기에 만일 한 마디를 덧붙여야 한다면 순자의 유산이야말로 현대인이 좀더 받아들이기 쉬운 유산이라고 말하고 싶다.

心者, 形之君也, 而神明之主也, 出令而無所受令. 自禁也, 自
使也, 自奪也, 自取也, 自行也, 自止也. 〈해폐〉
心何以知? 曰: "虛壹而靜". 〈해폐〉
心之所可中理, 則欲雖多, 奚傷於治! 〈정명〉

【해석】

마음은 형체의 주재이며, 의식의 주재이다. 마음은 사지와 백체를 지배
할 뿐 사지와 백체의 지배를 받지 않으며, 스스로 제한하며 스스로 추진하
고 스스로 포기하며 스스로 받아들이고 스스로 행동하고 스스로 멈춘다.
〈해폐〉
마음은 어떻게 알 수 있는가? 마음은 자신을 비우고 몰입하며 또 고요할
수 있기 때문에 알 수 있다. 〈해폐〉
마음에 세워진 원칙이 합리적이라면 욕망이 많을지라도 도의 다스림에 어
찌 영향을 끼칠 수 있을까? 〈정명〉

▌ 청명을 생각하며 ▌

**제사의 의의는 사람의 마음과 사모의 정과 충성과 신의,
사랑과 존경의 지극함과 예절 의식을 풍성하게 표현하는 데 있다.**
祭者, 志意思慕之情也, 忠信愛敬之至也, 禮節文貌之盛也矣

어렸을 적, 우리 집의 대청 중앙에는 항상 조상님의 위패가 모셔
져 있고 탁자 위에는 술잔, 과일들이 놓여있던 것을 기억한다. 매
번 집 현관에 들어설 때마다 내 눈에 들어온 것은 그 엄숙함이었
다. 마치 돌아가신 선조들이 여전히 내 곁에 살아 숨 쉬는 것 같
은 그런 느낌이었다.

그 후 몇 년이 지났는지 모르겠지만, 나보다 나이 많은 학교 친
구 한 명과 함께 거실에 앉아 창밖의 가로등과 밤빛을 멍하니 바
라보고 있을 때였다. 친구가 갑자기 혼잣말을 하듯 얘기했다.

"매일 해가 뜰 때마다 애도의 뜻을 표하고 싶은데, 누구한테
해야 하지?"

그렇다. "누구한테 해야 하나?" 이것이 우리 일 세대들의 비애

다. 오늘날 '가족'에 대한 관념은 변화되었다. '조상'의 정은 더욱 희박해졌고, 거실은 여전해도 위패는 사라진 지 오래다. 선조와 가족들의 '마치 살아있는 듯한' 목소리와 모습은 어린 시절 보았던 그 푸르른 하늘처럼 조용히 우리 곁을 떠나갔다.

그 자리를 대신한 것은 텔레비전, 오디오, 그 외에 이름도 모를 수많은 가전용품이었다. 사람들은 형형색색의 불빛과 화려한 술집이 유혹하는 거리와 상가를 표류하며, 대가족의 유대감도 모래알 같이 흩어졌다.

대가족의 개념은 '깊은 애도의 뜻과 사모의 정을 표시하며 志意思慕', '부모님의 상사에 슬픔을 다하고, 먼 조상을 제사로 공경을 다하는 愼終追遠' 등의 민간신앙과 함께 도시화의 추세를 따라 바람처럼 사라져 버렸다.

사실, 유가가 제사를 중시하는 이유는 본래 영혼불멸의 관념이 있기 때문이라든가 초자연적인 힘 앞에서 복을 구하고 재난을 피하기 위해서가 아니라, 어디까지나 근본에 보답하고 처음으로 돌아가려는 그 진실한 감정을 귀하게 여기기 때문이다. 한 사람의 출생에서부터 성인이 되기까지 모든 것은 자신을 보듬어주시고 보호해주신 부모님의 은혜 덕분이다. 이 은혜는 콸콸 흘러오는 강물처럼 끊임이 없다.

순자는 하늘과 땅이 나를 낳았고 부모님께서 나를 길러주셨으며, 군자가 나를 가르쳤으니, 사랑하는 가족이 세상을 떠난 후, 제사의 방식으로 깊은 애도의 뜻과 사모의 정을 표시할 수 있으며, 제사를 통해 사랑하는 부모님을 마치 죽음에서 다시 불러 일으킨 듯 마음이 애틋하게 할 수 있기에, 이로써 《논어·학이》에서 증자曾子가 말한 것처럼 "백성들의 덕성은 나날이 도탑고 순박해질 수 있다. 民德歸厚"고 믿었다. 그러므로 제사를 지내는 것으로 사람들은 군주에 대해 충성과 믿음을, 부모에 대해 지극한 정성으로 사랑과 공경을 보이게 되고, 예절과 의식에 대한 글도 번성하게 된다.

그러나 순자는 아쉽게도 이 도리는 성인만이 깨닫고 있는 사실이라고 여겼다. 그러므로 성인은 제사의 예절을 만들어 사람들이 깊은 애도의 뜻과 사모의 정을 표시하고 부모님의 상사에 슬픔을 다하며 제사로 먼 조상을 공경하도록 하는 한편, 또 다른 측면으로는 절제와 글로써 이 감정이 지나치지 않도록 조절하는 역할을 했다.

그러므로 펑여우란 선생은 유가는 사자에 대해 이지와 정감의 절충적인 태도를 보인다고 평했다. 유가의 태도가 단순히 이지에만 치우쳤다면 정감이 허락하지 않을 것이고, 감정에만 의지했다면 미신에 흘러 진보를 방해했을 것이다.

그러므로 유가가 인정하는 상례와 제례의 방식은 시적이고 예술적인 방식이지, 종교적인 방식이 아니다. 제례와 상례에서 표현하려는 것은 제사를 드리는 사람의 마음에서부터 우러나오는 정성이지 제사를 받는 사람이 저 세상에서부터 이 세상으로 정말 돌아오는 것은 아니다.

부모님께서 돌아가시면 자녀는 태산이 무너진 것 같은 충격을 받고 죽고 싶을 정도로 슬퍼진다. 사람은 제사의식을 통해 마음의 정을 전달하고, 또한 제사가 '형체는 없지만 사람의 도 속에서 예절의식에 관한 글로 변형되었음'을 이성적으로 깨달을 수 있다. 이와 같이 자녀의 슬프고 비통한 마음은 시를 통해서 위안을 얻을 수 있다.

그러나 순자가 더욱 중요시했던 것은 제사의식이 포함하고 있는 교육적인 의의이다. 이런 제사의식은 성인이 만들고 백성들이 법을 지킴을 통해 풍속으로 정착이 되며 화해로운 사회를 유지시키는 역할을 하게 된다.

시대는 이미 변화되었다. 하지만 근본에 보답하고 처음으로 돌아가려는 정신, 부모님의 상사에 슬픔을 다하며 먼 조상은 제사로 공경을 다하는 민간신앙이 현대화 사회가 흩어놓은 '가족'을 다시 하나로 모아줄 수 있고 인정이 메마른 이 시대에 한 줄기 감정적인 위안을 가져다 줄 수 있다면, 이 역시 조화로운 사회를 건설하는 한 부분이 아닐까?

祭者, 志意思慕之情也, 忠信愛敬之至也, 禮節文貌之盛也
矣. 苟非聖人, 莫之能知也. 聖人明知之, 士君子安行之, 官
人以爲守, 百姓以成俗. 其在君子, 以爲人道也; 其在百姓,
以爲鬼事也. 〈예론〉

事死如事生, 事亡如事存, 狀乎無形影, 然而成文. 〈예론〉

【해석】

제사의 의의는 사람의 마음과 사모의 정을 표현하며, 충성과 신의, 사랑과
존경을 지극하게 표현하고, 예절 의식을 가장 풍성하게 표현하는 데 있다.
만일 성인이 아니라면, 제례의 의의를 알 수가 없다. 성인은 제례의 의의를
잘 알고 있으며, 선비와 군자는 편한 마음으로 이를 행하며, 정부는 이를
법으로서 지키고, 사회는 이를 풍속으로 정착시켜간다. 분별 있는 군자가
볼 때, 이것은 교육적인 의의를 갖춘 사람의 도요, 무지한 백성이 볼 때는
복을 구하고 재앙을 없애는 신의 도이다. 〈예론〉

죽은 이를 살아있는 사람과 같이 받들고, 망자를 생존한 사람과 같이 받드
는 영혼의 제사는 자취는 없지만 사람의 도 속에서 예절의식에 관한 글로
변형되었다. 〈예론〉

❚ 천사와 악마의 차이 ❚

사람의 본성은 악한 것이며, 선하게 보이는 모습은 인위적인 결과이다.

人之性惡, 其善者僞也

사람의 본성은 과연 선한 것인가 아니면 악한 것인가? 이것은 중국 전통 사상사에서 쉬지 않고 격론을 일으켜왔던 중대한 문제 중 하나이다. 공자는 "인간은 선천적인 성정은 거의 비슷하나 후천적인 습관으로 인해 큰 차이가 나게 된다. 性相近也, 習相遠也"라는 말을 남기기는 했지만, 사람의 본성이 과연 선한지 악한지에 대해서는 정확한 정의를 회피했다.

그러나 맹자는 사람에 내재하는 본연의 '사단四端'에서 출발하여 사람의 본성은 선한 것이라고 보았다. (사단은 인에서 우러나는 측은지심惻隱之心, 의에서 우러나는 수오지심羞惡之心, 예에서 우러나는 사양지심辭讓之心, 지에서 우러나는 시비지심是非之心의 네 가지를 말한다.)

그러나 공자는 비록 사람의 본성의 선악에 대해 직접적이고 근본적인 판단을 내리지는 않았지만 《논어》를 찾아보면 "나는 아직까지 미녀를 좋아하는 것만큼 그렇게 덕을 좋아하는 사람을 보지 못했다. 吾未見好德如好色者也"라는 말을 여러 군데에서 반복했음을 알 수 있다. 오늘날의 입장에서 본다면 공자는 적어도 사람의 유한성에 대해 경각심과 통찰력이 있었던 셈이다.

순자는 '사람의 본성'에 대해 특별한 규정을 했는데, 대략적으로 사람의 본성이라고 할 때는 크게 나누어 세 가지 측면의 뜻이 포함된다. 첫째는 자연적인 것, 둘째는 태어날 때부터 가지고 태어난 천성적인 것, 셋째는 소박한 것을 말한다. 한마디로 순자는 사람의 본성이란 자연이 부여한 본연의 상태로, 예를 들어 태어나면서부터 자신에게 유리한 것을 좋아하고 자기보다 뛰어난 사람을 질투하고 싫어하며 고운 소리와 아름다운 외모를 좋아하며 눈과 귀를 만족시키려는 욕구 등등이 그것이다. 근대 중국의 유명 철학가 머우쭝싼 선생은 이렇게 생각했다.

순자 …… 철저히 자연적인 심리현상을 기초로 인간의 본성을 논했다. 자신에게 유리한 것을 좋아하고 자기보다 재능이 뛰어난 사람을 질투하고 싫어하며 귀와 눈을 만족시키려는 욕구가 있다는 면에서 이야기하자면 본성은 기쁘고 노하며 슬퍼하고 즐거워하며, 좋아하고 싫어하거나 욕구를 갖는 심리현상이다. 즉, 사람의 개인적인 욕구를 말한다. 배가 고프면 배불리 먹고 싶고 추우면 몸을 따뜻하게 하고 싶고 피로하면 쉬고 싶다는 측면에서 이야기한다면, 본성이란 생물학적 생리적 본능이다. 사람의 개인적인 욕심과 생물학적 생리적 본능을 가지고 본성을 논한다면 즉, 인간의 동물성을 가지고 본성을 논한다면, 이는 송나라 명리학命理學 (사주에 근거하여 사람의 길흉화복을 알아보는 학문)에서 말하는 '기질적인 본성'과는 달라지게 된다. 이것은 인위적이지 않은 자연적인 것이요, 여기서 자연이란 동물성의 자연을 가리킨다.

그러나 인간의 본성 자체로 놓고 볼 때, 순자의 본성론은 본성이 절대적이며 필연적으로 악하다는 주장일까? 이런 판정을 내리기는 매우 어렵다. 왜냐하면 사람의 본성이 정말로 그렇게 악하다면 사람들은 어떻게 군자가 될 수 있고 성인이나 현자가 될 수 있을까? 그러므로 순자에게 있어 성악설은 한 인간에 대한 전면적인 고찰이라고 할 수 없다.

사람에 대한 순자의 이해는 본성에만 국한되지 않았다. 이 점에 있어서 순자의 관점은 맹자와는 매우 큰 차이를 보인다. 왜냐하면 맹자는 사람의 본성에 선한 마음이 있다는 것을 사람과 동물의 차이점으로 본 반면, 순자는 사람에게는 의로움을 구하며 분별을 하는 마음이 있다는 것을 차이점으로 보았기 때문이다.

더욱 중요한 점은 순자는 이런 '의로움'과 '분별'을 '본성'의 범위 안에 전혀 포함시키지 않았다는 점이다. 가장 흥미로운 사실은 비록 순자는 '의로움'과 '분별'을 본성의 범주에는 포함시키지 않았지만 이것은 사람이 사람이 되는 요소요, 사람이 '무리지어 살거나', '등급을 구분해서' 사회를 구성하는 근거가 된다는 분명한 인식을 했다는 점이다. 또 이런 '의로움'과 '분별'은 사람에게 있어서는 고유한 것이며, '학습이 필요 없는 자연스러운 것'이라고 보았다. 그러므로 순자에게 있어 '사람의 본성' 외에도 사람은 다른 본질적인 선을 가지고 있으며, 본래 동물에게 없는 의를 사모하는 마음이 있고, 금수에게는 없는 해야 할 것과 하지 말아야 할 것에 대한 고민과 사색이 있다.

결론적으로 말하자면, 순자에게 있어서 자연적인 본성이란 본래 존재하며 없을 수 없는 것이다. 그러나 의로움을 사모하는 마음과 분별하는 마음은 사람에게 동일하게 내재된 본성이며 본래 존재하는 것이긴 하지만 경우에 따라 없을 수도 있는 것이다. 이를 잃어버리면 악마가 될 수도 있고, 이를 잘 간직하면 천사가 될 수도 있다. 그러나 이를 잃어버리지 않고 온전히 간직하기 위해서는 힘써 후천적인 노력을 기울여야 한다.

【 원문 】

人之性惡, 其善者僞也. 〈성악〉

【 해석 】

사람의 본성은 악한 것이며, 선하게 보이는 모습은 인위적인 결과이다. 〈성악〉

주관은 자신을 위하고
객관은 타인을 위한다?

사람의 성정을 따르자면 사양이나 양보가 있을 수 없다.

順情性則不辭讓矣

맹자는 인의예지란 '하늘이 특별히 우리 인류에게 내린 선물 天所與我者'이요, 사람의 본성에 내재하는 것이므로 사람은 그 내재하는 선천적인 본성을 더 크게 키워나가기만 한다면 자신의 덕성을 성취할 수 있다고 여겼다. 맹자에게 있어 이런 일은 완전히 스스로 알아서 하는 일로 외부에 도움을 요청할 필요가 전혀 없는 일, 즉 자주적이며 자각적인 활동이었다. 자신의 본성을 상실한 사람의 행위에 대해, 맹자는 사람에게 굳은 뜻이 없고 물욕에 탐닉하기 때문이라고 여겼다.

순자는 맹자의 이런 주장에 반대의 입장을 보였다. 그는 사람의 본성이란 당연히 태어날 때부터 가지고 태어난 것이지 후천적이거나 인위적인 것이 아니라고 보았다. 예를 들어 사람은 태어날 때부터 사는 것을 좋아하고 죽는 것을 싫어하며, 자신에게 유익한 것을 좋아하고 해가 되는 것을 싫어하는 등이다. 이는 자연적인 본연의 상태요, 이런 의미에서 본다면 본성이 '선하다'라든가, '악하다'라는 판단은 모두 무의미하다. 여기서 말하는 '악'이란 이런 본성을 그저 묵인하거나 수수방관함을 말한다. 그러므로 순자는 본성이란 선천적인 자연 그대로의 상태요, 사람마다 모두 같은 것이지만 인위적인 노력이란 후천적이요 인위적인 것이며, 사람마다 다른 것이라고 보았다. 이것이 본성과 인위의 차이점이다.

배가 고프면 밥을 먹고 싶고, 목이 마르면 물을 마시고 싶은 것이 사람의 본성이다. 하지만 만일 배가 고픈데도 자기가 먼저 밥을 먹기보다 연장자나 다른 사람이 먼저 먹기를 권유한다거나, 목이 마른 데도 자기가 먼저 마시기보다 연장자나 다른 이가 먼저 마시기를 권한다면 이것은 교육과 인위적으로 쌓아온 노력의 결과다. 이 두 가지는 서로 다른 것이다.

순자는 양보와 효도가 사람의 선천적인 본성이 자연적으로 나타난 결과라고 생각해서는 안 되며, 오히려 사회생활에서 예의 교화에 의해 얻어진 결과로 보아야 한다고 여겼다.

그러므로 사람의 본성이라는 점에서 볼 때, 배가 고프면 먹고 싶고, 목이 마르면 마시고 싶은 것은 모두 자신을 위한 직접적인 요구이며, 소위 말하는 양보나 효성스러움은 본질적으로는 사람의 자연적인 본성을 위배하는 행동이라고 할 수 있다. 그러므로 누구든지 덕행이 있는 사람이 되기 위해서는 반드시 자신의 본성을 위배하여, 예의와 스승의 도에 의해 교육을 받고 인격을 바르게 갈고 닦아야만 한다. 그렇지 않다면 분명 양보나 효성 등의 미덕은 찾아볼 수 없을 것이다. 만일 본성을 있는 그대로 놔둔다면 이 세상은 엉망진창이 될 것이 뻔하다.

순자의 견해에 한 마디를 더 보충해야 할 것 같다. "예의와 법도가 사람의 자연적인 본성에 위배된다."라는 말은 본질적인 의미에서 한 이야기일 뿐이지, 사실, '인위적인 노력을 쌓아 습관화' 할 수 있다는 말은 다른 한편으로는 예의와 법도도 '본성'화 할 수 있다는 증거가 된다고 할 수 있다.

【 원문 】

順情性則不辭讓矣, 辭讓則悖於情性矣. 〈성악〉

【 해석 】

사람의 성정을 따르자면 사양이나 양보가 있을 수 없다. 사양이나 양보를 한다는 것은 사람의 성정을 거슬리는 행위다. 〈성악〉

🎔 인정은 종잇장처럼 얄팍한 것 🎔

인정은 아주 나쁜 것이다.
人情甚不美

불교 선종禪宗에는 '바람이 움직이는 것이 아니고 깃발이 움직이는 것도 아니며, 마음이 움직이는 것이다.'라는 고사가 전해져 내려오고 있다.

선종의 육조 혜능慧能 대사가 광저우 법성사에 머물던 시절, 절에 있던 스님 두 명이 바람에 펄럭이는 깃발을 보며 하나는 바람이 움직인다고 하고, 또 하나는 깃발이 움직인다며 옥신각신 다투고 있었다.

혜능 대사는 그 앞을 지나가며 "바람이 움직이는 것도 아니고, 깃발이 움직이는 것도 아니다. 어진 이의 마음이 움직이는 것이다."라고 말했다.

이 고사는 철학적으로 심오하고도 폭넓은 의미를 내포하고 있다. 그렇게 대단한 의미가 아니라 하더라도, 적어도 대상을 관찰하는 각도에 따라 각 사람이 이해하는 세계도 서로 큰 차이가 생길 수 있다는 것을 보여주고 있다.

사실, 유가 내부에도 성선설과 성악설과 관련된 논쟁이 있지만, 이런 논쟁은 거의 인성의 현상을 관찰하는 관찰 각도의 차이에서 비롯된다고 할 수 있다.

예를 들어 실제 생활 속에서 사람은 각양각색의 모습을 보인다. 살기를 탐하고 죽기를 두려워하는 사람이 있는가 하면, 자신의 목숨을 희생해 타인을 구하는 사람도 있다. 이기적이며 자기만 아는 사람이 있는가 하면 대의를 위하며 법을 지키는 사람도 있다.

그러나 맹자는 여러 가지 현상 중 유독 '어린 아기가 우물에 떨어지려는' 사건 속에서 선한 인성의 빛을 발견했다. 물에 떨어진 아기를 즉각 구하려는 이유는 상금을 받기 위해서도, 이웃과 친척들의 칭찬을 듣기 위해서도 아니라, 완전히 인간에 내재된 본성 때문이다. 우리 주변에 안개처럼 자욱한 그 수많은 죄악들을 우선 제쳐두고, 인간의 본성은 선하다는 맹자의 인정은 일종의 본질적인 관찰이었음을 말하지 않을 수 없다.

그러나 맹자와는 달리 순자는 더욱 현실적인 눈빛으로 우리 주위에서 발생하는 모든 것을 살펴보았다. 그는 사람이 태어나면서부터 가진 본성, 재물을 사랑하고 이익을 사랑하며, 타인의 재능에 대해 증오하고 미워하며 질투하고 싫어하는 행동 등에 대해 아주 섬세하고도 깊이 있는 관찰을 했다. 그리고 이런 인성의 모습에 무작정 순응했을 때 나타나는 편파성, 괴팍함, 반항심, 난잡함, 약자를 해치고 없는 자를 업신여기는 비정함 등에 더욱 현실적이며 진지한 관심을 보였다.

온 천하의 사람들의 인성이 보여주는 모습은 하나 같이 "변변치 않는 사람은 넉넉해지길 원하며, 못생긴 사람은 예뻐지길 원하며, 좁은 사람은 넓어지길 원하고, 가난한 사람은 부유해지길 원하며, 비천한 사람은 고귀해지길 원하는 薄願厚, 惡願美, 狹願廣, 貧願富, 賤願貴"《순자·성악》 것이었다.

그렇다면 논리적으로 따져, 이런 현상을 접하면서도 여전히 인간의 본성은 선하다는 신선놀음만 주장하는 것은 현실을 직시하지 못하는 것이다. 또 대중을 설복할 수도 없으며 심지어 현실 속에서 여러 가지 부정적인 효과를 야기할 것이다.

그러므로 순자는 맹자의 성선설에 대해 판단은 했으나 맞지 않고 검증은 했으나 부합하지 않는다며, 앉아서 이야기를 다 하고 난 다음에도 "일어서면 어떻게 해야 할지 알 수가 없고 널리 보급하려면 실행을 할 수가 없다. 起而不可設, 張而不可施行"고 비난한다. 그저 듣기 그럴싸한 '빛 좋은 개살구'라는 뜻이다.

물론, 요순이 한 말을 빌려 순자가 한 말은《관자·추언管子·樞言》에서도 찾아볼 수 있다. 이 글을 통해 제 나라 법가와 순자 간의 계승관계도 어렴풋이 살펴볼 수 있다.

프랑스 철학자 파스칼Blaise Pascal은 이렇게 말했다.

인성은 두 가지 방법을 통해 관찰할 수 있다. 그 첫째는 목적을 통해서다. 이 때 한 사람은 무엇보다도 위대한 존재가 된다. 둘째는 집단에 의해서다. 마치 말과 개의 성질은 말의 무리에게서 질주의 본능을, 개의 무리에게서 방어의 본능을 판단할 수 있는 것처럼 말이다. 이때 사람은 사악하고 비열한 존재가 된다. 이 두 가지 방법을 통해 우리는 사람에 대해 서로 다른 판단을 내려왔으며, 이로 인해 철학자들 사이에는 수많은 논쟁이 일어났다.

맹자와 순자는 이렇게 우리에게 인성을 관찰할 수 있는 두 가지 서로 다른 방식을 제시해주었다. 한 마디를 더 보충하자면, 선진시대의 성선설과 성악설은 이론상으로든 역사적 사실로든 어떤 것이 정통적이고 어떤 것이 비정통적이라고 단언할 수는 없다는 것이다.

堯問於舜曰: "人情何如?" 舜對曰: "人情甚不美, 又何問焉?
妻子具, 而孝衰於親; 嗜欲得, 而信衰於友; 爵祿盈, 而忠衰
於君. 人之情乎, 人之情乎, 甚不美, 又何問焉? 唯賢者爲不
然. 〈성악〉

【해 석】

요 임금이 순에게 물었다. "인정을 어떻게 생각하나?" 순이 대답했다. "인
정은 아주 나쁜 것입니다. 그걸 꼭 물어야 아시겠습니까? 아내가 생기면
부모님께 효성이 덜해지고, 욕망이 채워지면 친구에 대한 신의가 덜해지
고, 관직과 봉록을 얻게 되면 임금께 대한 충성이 덜해지게 됩니다. 이게
바로 사람의 인정이라는 것이죠. 이게 바로 인정이라는 거예요. 아주 나쁜
것입니다. 이걸 꼭 물어야만 아시겠습니까? 오직 지혜로운 사람만이 이런
일을 삼가지요." 〈성악〉

◤ 사실 증명과 검증의 필요 ◢

**앉아서 말했던 논리는 일어서면 어떻게 행동해야 할지 알 수 있고,
실제적인 실행이 가능하다.**

坐而言之, 起而可說, 張而可施行

엄복嚴復은 제2차 아편전쟁 후 무조건적인 외세배격을 주장한 완고파頑固派와 외세에 개방, 변법을 주장한 양무파洋務派의 중서 문화에 대한 관점을 비난한 후, 중국의 학문과 서양의 학문의 특징을 비교한 적이 있었다.

중국은 천명에 모든 것을 맡기는 반면, 서양은 사람의 힘에 의지한다. 중국 사람들은 항상 하늘의 명이 모든 것을 결정하여 고난에 처해 있을 때에도 일어나 항거하고 싸우려 하지 않는다. ……
항상 중국과 서양의 행동방식을 논할 때, 그 중에서도 가장 판이하고도 서로 맞지 않는 점을 찾으려면 중국 사람은 옛 것을 좋아하고 오늘날의 것은 무시하지만, 서양 사람들은 현재의 것에 힘을

다하여 옛 것을 극복한다는 것이다. 중국 사람들은 만물을 다스렸다가 다시 혼란스러워지고, 왕성했다가 다시 쇠하는 것을 하늘과 사람의 도에 있어서 아주 자연스러운 것으로 보지만 서방 사람들은 한계를 두지 않고 나날이 전진하니 왕성해진 후 다시 쇠함이 없고, 다스린 후에도 다시 혼란스러워지지 않는다. 가히 학술과 정치의 극치를 보여준다.

물론 오늘날의 입장에서 본다면 '옛 것을 좋아하고', '하늘의 이치를 존중하는 것'은 꼭 틀렸다고 할 수는 없다. 그러나 엄복은 옛 것은 좋아하지만 오늘날의 것은 무시한다면, 혹은 인간의 다스림과 혼란, 화와 복을 전부 천운이나 천명에만 맡긴다면 이는 분명 근대 중국의 낙후를 초래하는 중대 원인이 될 것이라고 내다보았다.

어쩌면 이 점에서 순자는 외계인과 비슷할 수도 있다. 그는 경험론적인 마음과 실용론적인 태도를 근거로, 선진철학의 세 가지 중요한 문제(하늘과 사람, 옛 것과 오늘날의 것 및 이름과 실제의 분별)에 자신만의 독특한 견해를 내놓았기 때문이다.

오늘날의 말로 하자면 복고를 논하기 좋아하는 사람, 하늘을 논하기 좋아하는 사람, 이름에 대해 논하기 좋아하는 사람, 그 어떤 유형이든지 간에 모두 사실에 맞지 않는 엉뚱한 소리를 해서는 안 되며 모두 그에 부합하는 증거를 내놓아야만 한다는 것이다.

고대를 논하기 좋아하는 사람은 오늘날의 사실로 검증을 해야만 한다. 하늘의 도를 논하기 좋아하는 사람은 반드시 인간 세계를 통해 이 도를 증명해야만 한다. 모든 변론은 정확한 분석과 종합이 필요하며, 모든 이론은 사실적인 검증을 해야만 한다.

《한비자·현학韓非子·顯學》편에서는 이렇게 말한다.

공자와 묵자는 모두 요와 순에 대해서 말했지만 서로 취하고 버린 내용이 다른데도, 서로 자신이 진짜 요순을 말했다고 주장한다. 요순은 다시 태어날 수 없는데 유가와 묵가 중 누가 진실한 설명을 했는지 어느 누가 평가할 수 있을까? …… 검증을 하지 않고 반드시 이럴 것이라고 확신하는 사람은 어리석은 사람이다. 확실한 검증을 할 수 없는데도 이를 증거하는 사람은 사실을 날조하는 사람이다. 그러므로 선왕에 대한 정확한 증거를 대고, 요와 순에 대해 단정을 내리는 사람은 어리석은 사람이거나 사실을 날조하는 사람이다.

孔子墨子, 俱道堯舜, 而取舍不同, 皆自謂其眞堯舜. 堯舜不復生, 將誰使定儒墨之誠乎? …… 無參驗而必之者, 愚也; 弗能必而据之者, 誣也. 故明据先王, 必定堯舜者, 非愚則誣也.

이는 "옛 것을 말하기 좋아하는 사람은 반드시 현재의 사실로 검증해야 한다."라는 말의 유언이요, "어떤 말이라도 병부가 서로 들어맞는 것처럼 사실로 증명을 해야 가치가 있다."라는 말의 각

주이다.

물론 최종목적 면에서 본다면 순자가 말한 '사실 증명, 실제 부합 여부의 판단'이 꼭 이성적이라고 할 수는 없다. 왜냐하면 그 역시 "천하는 두 가지 면을 포함하고 있다. 하나는 틀린 것을 가지고 정확한 것을 판정하는 것이고 또 하나는 정확한 것을 가지고 틀린 것을 판정하는 것이다. 天下有二, 非察是, 是察非"라고 분명히 말했기 때문이다.

결국은 국왕 통치제도에 부합하는 것은 맞는 것이요, 부합하지 않는 것은 틀린 것이란 뜻이다. 하지만 순자가 위에서 한 말은 분명히, 하늘의 통치를 들먹이며 호랑이 담배 피던 시절의 성왕을 미화하고, 하늘과 옛 것만을 바라보며 사람이나 자신을 바라보지 않는 관념들과 비교할 때, 사실상 현대인의 생각에 더욱 부합한다.

순자의 이런 생각은 현대적인 성장 가능성이 더 크다고 말할 수 있지 않을까?

善言古者, 必有節於今; 善言天者, 必有征於人. 凡論者, 貴有
辨合, 有符驗. 故坐而言之, 起而可說, 張而可施行. 〈성선〉

【 해 석 】

옛 일을 잘 이야기하는 사람은 반드시 현재의 사실로 검증해야 한다. 하늘
의 도를 잘 이야기하는 사람은 반드시 인류사회의 사실로 검증해야 한다.
어떤 말이라도 병부가 서로 들어맞는 것처럼 사실로 증명을 해야 가치가
있다. 그러므로 앉아서 말했던 논리는 일어서면 어떻게 행동해야 할지 알
수 있고, 실제적인 실행이 가능하다. 〈성선〉

자기 분수를 아는 지혜

무엇이 중용의 도인가?
曷爲中?

중국 철학과 서양 철학 간의 근본정신의 차이점은 과연 무엇일까? 이 문제는 중국이 근대에 서양 학문을 최초로 접촉한 이래 지금까지 평가도 가지각색일뿐더러, 확실히 이렇다는 정확한 결론도 없기 때문에 매우 짜증나는 문제가 되어버렸다.

하지만 그 중 이견이 그다지 크지 않은 한 가지 특징은 바로 20세기 이래로 중국학자들은 전통 유가의 사상을 사색하고 반성할 때 유가 본연의 사고방식은 조금씩 포기하고 점차 서방 철학의 각종 개념을 받아들여 이로써 중국의 역사와 사상 관련 문헌을 정리하고 걸핏하면 보편, 필연, 자율, 타율을 들먹이고, 그 중에서도 특히 칸트와 헤겔식의 실천이성 개념으로 유가의 개념을 해석하는 경향이 두드러진다는 것이다.

중국의 학문이나 서방의 학문이 서로 잘못된 점을 공격하는 행위를 반대할 이유는 없지만, 단지 이런 대화의 장을 연다는 미명 하에 중국의 학문과 서방의 학문 간의 근본적인 차이점을 무시하는 일은 있어서는 안 될 것이다.

유가는 윤리를 중시하고 도덕을 강조하며, 윤리 도덕에 대해 서방 학문과는 완전히 다른 자신만의 독특한 이해와 견해를 가지고 있다.

헤겔에 의하면 윤리학은 도덕철학과 법철학으로 구성되며, 법철학의 핵심은 보편적인 사회규범인 형식법을 추상화해 사람과 사람 간의 관계를 처리하는 중개물로 삼는 데 있다. 즉 사람의 도덕실천과 인간관계 중에서 이 행동을 규범으로 삼아 자신의 행위의 최고 준칙으로 삼아야 하며, 사람의 말이나 행동은 이 규범에 직접적인 관여를 받아야 한다. 그러므로 규범은 독립성과 신성성을 갖는다.

신성성이란 칸트가 말한 '절대명령'이란 뜻이다. 다른 말로 표현하자면, 규범이 일단 '제정'되면, 우리는 아무리 시간, 장소, 사람, 상황, 자리, 사건이 변한다고 하더라도 '핵심 정신을 알고 있다'는 이유로 규범을 '활용'해서는 안 된다. 또한 어떠한 상황에서도 완전한 확신 가운데 규범을 집행하고 규범의 지시를 순종해야만 한다. 예를 들어 외삼촌과 사업을 하는 것과 '모리배'와 사업을 하는 것, 이 두 선택은 모두 친척관계를 떠나 전혀 차별이 없는 신용이라는 규범의 강요를 받는다. 이렇게 신용은 보편화가 가능한 준칙이다.

이런 의미에서 칸트는 윤리학은 해야 할 과제가 그다지 많지 않다고 여겼다. 왜냐하면 무엇을 해야 하는지를 규정하는 것은 윤리학의 임무가 아니기 때문이었다. 각 사람은 임의의 특수 상황에서도 자신이 해야 할 의무가 무엇인지 모두 알 수 있으며, 윤리학 역시 의무에 대해 하나하나 이유를 설명할 필요가 없다. 의무란 그 자체로 절대적인 것이며 거짓말이 아니기 때문이다.

물론 서방 철학 중에서 규범의 신성성 배후에는 특수한 '인간 개념concept of person'을 감추고 있다. 왜냐하면 우리 모두는 규범이라는 이 중개물이 있다고 해서 규범의 정신까지 완전히 실현할수 있는 것은 아니며, '법이 있지만 지키지 않는다'거나 '규칙은 있지만 준수하지 않는' 현상이 도처에 비일비재함을 알고 있기 때문이다.

우리 인간은 각종 욕망과 충동의 유혹을 받으며, 불확정적인 자유의지를 가지고 있다. 그러므로 헤겔은 규범을 집행하는 사람은 '인격'을 갖추고 있어야 한다고 여겼다.

인격이란 무엇인가? 인격의 요소는 한 인간으로서의 모든 면 (내적인 고집, 충동, 정욕 및 직접 외부에 있는 규정성 면)이 완전히 규정이 되었으며 한계에 제한을 받는다는 것이다. 인간이 형식법에 의해 규정이 된다는 것은 정감, 애호 등의 특수성을 제하고, 사람의 모든 신분 규정을 제거해 한 사람의 보통사람, 다른 말로 '형식적 보편물'을 만드는 것이다. 그러므로 헤겔은 "사람이 사람이 될 수 있는 근거는 그가 사람이기 때문이지, 그가 유태인이나 천주교도, 기독교도, 독일인, 이탈리아 인이기 때문이 아니다."라고 말했다.

그러나 사람은 늘 자신의 특수신분을 가지게 마련이다. 예를 들어 당신은 대학교수이자, 남편이요 아버지, 큰 아들, 외삼촌일 수 있다. 그러나 이런 것들은 보편적인 사람이 되는 데 있어 단지 사람의 특수규정, 특수신분을 나타낼 뿐이다. 이런 규정과 신분은 반드시 제거해야 한다. 한 사람에게서 이런 것들을 제거하고 나면 그도 단지 알몸뚱이 인간에 불과하지 않는가? 사실, 규정과 신분을 제거한 후 보편적인 사람이 된다는 것은 반드시 형식법 혹은 규범 중개물의 지도에만 복종해야 하며 모든 혈연관계와 유대관계를 단절시켜야 한다는 의미다. 그러므로 《성경》의 마태복음 10장에는 이런 말씀이 나온다.

내가 온 것은 사람이 그 아버지와, 딸이 어머니와, 며느리가 시어머니와 불화하게 하려 함이니, 아버지나 어머니를 나보다 더 사랑하는 자는 내게 합당하지 아니하고 아들이나 딸을 나보다 더 사랑하는 자도 내게 합당하지 아니하며 또 자기 십자가를 지고 나를 따르지 않는 자도 내게 합당하지 아니하니라.

— 마태복음 10장 35, 37, 38절

위의 견해는 유교와 기독교와의 변론 중에서 이미 어떤 의미 형태의 부호가 되었다. 사람들은 이미 무의식 중에 이런 견해를 통해 그 배후에 감춰진 임의의 문화전통의 정신적 실질을 훔쳐보고 있는 것이다. 이런 정신적 실질은 간단하게 두 가지 측면에서 말할 수 있다.

첫째, 이런 신분 규정을 제거한 보편성을 가진 인간은 원자原子적인 개인이요, 독립적이며 자유로운 법권을 가진 주체이다.

둘째, 이런 인간은 모든 인정, 가족 관계와 개인의 애호를 제거한 사람으로서 그는 '세계주의자'이다. 그리고 그럴 때에만 규범의 지도를 받을 수 있으며, '위에서 정한 정책이 있더라도 아래서는 나름대로의 대책으로 대처한다'는 식으로 규범을 응용하지 않게 된다.

다시 유가로 돌아가 이야기해보자. 군신, 부자, 부부, 형제, 친구는 유가의 사회관계망을 구성하는 요소이다. 각 신분은 모두 각자에 해당하는 역할 규정을 가지고 있다. 윤리, 도덕은 자연에서 나오고 혈연관계로 실현된다.

"아버지가 자애로운 이유, 자녀가 효성스러운 이유는 아버지와 아들이란 본래 한 기운에서 나왔지만 한 사람의 몸이 둘로 나누어진 존재이기 때문이다. 父之所以慈, 子之所以孝, 盖父子本同一氣, 只是一人之身, 分成兩個"

그러므로 유가에는 "부모에 효도하고 형제 간에 우애하는 것, 이것이 어짊의 근본이다. 孝悌也者, 其爲仁之本歟"라는 말이 있다. 이런 특수한 혈연의 그물망 속에서 개인의 논리적 탯줄은 부모와 형제, 친구와 친숙한 사람들의 관계 속에 단단히 맺어진다.

또한 여기서부터 수면 위에 그려지는 동심원처럼 밖으로 확장이 되면 일종의 관계, 즉 친밀한 사람들의 이미지가 떠오르게 된다. 그러나 이런 이미지 속에서 운용되는 윤리규범 역시 각 단계별로 가족에서부터 시작되는 사랑과 친밀함과 소원함이 차별적인 순서구조를 드러낸다. 규범의 보편성과 신성성은 이런 혈연관계의 그물망 속에서 도무지 뿌리내릴 수 없는 것이다.

문제는 어쩌면 바로 이 점에 있을 듯싶다. 순자는 비록 선진 유가에서 가장 이성적인 품격을 갖춘 유학자로서, 이지를 사랑하고 기강을 숭상하며 예의법도를 존경했지만 철학적인 '인간개념'이나 도덕규범(예의법도)에 대한 그의 인식은 모두 완벽한 '중국 스타일'이었다.

다른 말로 하면, 순자가 예의법도를 강조한 것은 서방의 실천이성의 성질과는 근본적으로 다르다는 것이다. 예의법도 역시 실천적인 성질로 이해해야 하지만 그것은 서양식의 '절대 명령'이 아니었으며, 또한 서양식의 규범이 갖춘 보편성과 신성성을 갖춘 것도 아니었다.

순자의 예의법도는 당연히 인간의 행위준칙과 규범으로 이해될 수 있다. 하지만 순자는 이런 예의법도의 실질과 본질은 '중용'이라고 보았음이 분명하다. 그러므로 화두는 "무엇이 과연 중용인가?"로 옮아간다.

'중용'은 항상 유가에 의해 '천하의 큰 근본'이요, '지극한 덕'이라고 이해되었다. 지극한 덕이란 도덕의 극치를 일컫는데 이 말이 직접적으로 시사하는 의미는 이런 '지극한 덕'의 경지에 이르는 것은 상당히 어렵다는 것이다. 또한 그렇기에, '중용'이 내포하는 문제의 핵심은 엄격한 의미에서 말한다면 "무엇이 중용인가?"가 아니라 "어떻게 하면 '중용의 도'에 이를 수 있는가?"라고 할 수 있다.

순자의 견해에 따르자면, 선왕의 도는 인간의 도 중에서 가장 융성하고 가장 고귀한 지도원칙이라고 할 수 있다. 왜냐하면 이 원칙은 중용의 도를 따르고 있기 때문인데 이 말은 즉, 합리적인 표준에 따라 시행된다는 것이다.

하지만 무엇을 두고 '합리적'인 표준이라고 하는 것일까? 물론 예의법도를 말한다. 하지만 예의법도가 진정 '합리적'이 되려면 이미 만들어진 표준을 그대로 가져와 상황에 전혀 구분 없이 모든 도덕적인 일을 평가하는 것이 아니라 반드시 구체적인 상황 속에서 역동적이고 융통성 있게 그것을 운용하고 드러내야 하는 것이다.

이런 식으로, 예의법도의 실행은 순자에게 있어 '원리원칙 대로만 일을 한다' 라기보다는 일종의 '기교'라고 할 수 있다. 즉, 각종 다양한 상황 속에서 어떻게 장점을 살려 운용하는가, 어떻게 시기적절하게 운용하느냐의 기교이다. 이것이 바로 '각 방면에서 적절한 처리를 하라'는 말의 가장 정확한 해석이다.

그러나 어떻게 '중용'을 실천하고 어떻게 '적당하게 사용할 것인가'라는 이런 구체적인 이해는 이성적인 지식의 수여로서는 획득

할 수 없으며, 인간의 일생의 경험과 실천을 통해 알 수 있는 것이다. 이렇게 해야만 하는 원인은 어떻게 '중용'을 실천하고 어떻게 '적당하게 사용할 것인가'라는 구체적인 상황은 끊임없이 변화하기 때문이다.

이 점만 보아도 왜 우리가 툭하면 "모든 것은 실제에서 출발한다."라든지, 사실에 근거하여 진리를 탐구하는 '실사구시實事求是'라는 기본원칙을 강력하게 주장하는지 어렵지 않게 이해할 수 있을 것이다.

이 기본원칙의 배후에는 몇 천 년 동안 끊이지 않고 전해 내려오는 민족의 혈통이 자리 잡고 있기 때문이다. 누군가는 유가의 전통을 현대 사회에서 그저 '이곳저곳을 떠도는 혼령'에 불과하다고 말한다. 어쩌면 '떠돌이 혼령'이라는 말은 단지 전통 유가의 '일'과 '흔적' 및 '몸체'만을 보았을 뿐 더 깊은 곳에 자리 잡고 있는 '이론', '본질'과 '정수'는 잊어버렸기 때문에 나온 말일 것이다.

이 정도 이야기했다면 칸트는 비록 윤리학에서 별로 할 만한 일이 없다고 말했지만, 유가는 이 문제를 한 사람이 일생 동안 배워도 제대로 다 배울 수 없고 일생 동안 실천을 해도 실천을 하기 어려운 문제로 여긴 차이점에 대해 어느 정도 이해할 수 있을 것이다.

이렇게 일평생 도와 예의법도를 배워야 하는 이유는 선왕의 도와 예의법도란 본래 절대적이고 불변하는 기준이 아니라, 복잡한 사회관계와 인간관계 속에서 전체를 평가하고 부분을 살펴

보며, 분수를 파악하여 매우 적절하고도 적당하게 적시적소에 나타내야 하는 것이라는 데에 있다. 그러므로 선왕의 도와 예의 법도는 본래 실천이성이 아니며, 오히려 실천지혜요 삶의 지혜라고 할 수 있다.

이 실천지혜와 삶의 지혜라면 배워도 배워도 영원히 끝이 없기에, "죽을 때까지 배운다."라는 말이 가장 적절한 표현이 될 것이다.

물론, 분수를 파악한다는 말은 이 원리를 좀 더 생생하게 드러내기 위해 사용한 구어체적인 표현 방법이지만, 철학적으로도 틀린 점이나 부족한 점은 전혀 없다. 순자는 인간의 행위 행동은 '중용에 부합하는 행동'이 되어야 하며, 지식과 언변은 '중용에 부합하는 말'이 되어야 한다고 누차 강조한다. 즉, 우리의 말과 행동에는 구체적인 시간과 공간, 상황이 필요하며, 실질성을 추구하지만 내용적인 차별을 두고 예의법도의 진리성을 드러내야 한다는 뜻이다.

'내용적인 차별을 두고' 예의법도의 진리성을 드러낸다는 것은 마치 《중용》의 '치곡致曲'(사소한 일에도 지극한 정성을 다함) 혹은 《대학》의 '지기소지知其所止'(자신이 머물 곳을 앎)와 같은 행동으로 이미 칸트의 순형식적인 절대명령과는 매우 큰 차이를 보인다.

즉, '내용'이라는 면에서 말한다면 이것은 곧바로 순형식을 벗어난다. '차이'라는 면에서 말한다면 이는 절대성과 신성성을 가지지 못한다. 똑같은 도덕행위의 결정이지만, 이 장소에서 '중용'

은 이렇게 표현되고, 저 장소에서 '중용'은 저렇게 표현된다. 하지만 '이렇게' 혹은 '저렇게'든 모두 '중용'의 정신을 나타내고 있는 것만은 확실하다.

《역경》에서 말하는 "신이란 만물에 오묘함을 부여하고 만물에 이름을 지은 존재이다. 神也者, 妙萬物而爲言者也"라는 구절은 이 견해를 너무나 생동감 있게 반영하고 있다. 그러나 실제 생활에서 우리가 자주 듣는 "핵심 정신을 알고 있다."라는 말은 몇 천 년의 전통을 가진 살아 숨 쉬는 표현 방법이다.

중국인들은 '생각의 세계가 유연한 것'으로 전 세계에 유명한데, 이런 유명세도 다 근거가 있는 것이다.

나날이 현대화되고 세계화되는 오늘날의 현실 속에서 '불변의 원칙' 혹은 '절대적인 원칙'을 이행하는 정신과 영혼을 배양하는 일은 매우 긴요한 문제이다. 만일 온 사회가 모두 '핵심 정신을 알고 있다'는 말을 아주 창조적으로 준수하여, '위에서 정한 정책이 있더라도 아래서는 나름대로의 대책으로 대처'하는 자유로운 삶을 구가한다면, 현대화에만 급급한 우리의 분투는 과연 언제나 그 기대가 이루어질까?! 정말 상상하기 두렵다.

【원문】

先王之道, 仁之隆也, 比中而行之. 曷爲中? 曰禮義是也. 〈유효〉

凡事行有益於理者, 立之; 無益於理者, 廢之. 凡知說有益 於理者, 爲之; 無益於理者, 舍之. 夫是之謂中說. 事行失中, 謂之姦事; 知說失中, 謂之姦道. 姦事姦道, 治世之所弃, 而 亂世之所從服也. 〈유효〉

宗原應變, 曲得其宜, 如是然後聖人也. 〈비십이자〉

【해석】

선왕의 도는 사람의 도 중에서 가장 성대한 것이다. 왜냐하면 이는 중용의 도를 순종해 행하기 때문이다. 무엇이 중용의 도인가? 예의가 바로 중용의 도이다. 〈유효〉

다스림에 유익한 행위는 곧바로 실천하고, 무익한 행동은 폐지한다. 이것을 예의에 부합하는 행위라고 한다. 다스림에 유익한 말은 곧바로 실천하고 무익한 말은 버린다. 이것을 예의에 부합하는 말이라고 한다. 중용의 도를 잃어버린 행위를 사악한 행동이라고 한다. 중용의 도를 잃어버린 말을 사악한 말이라고 한다. 사악한 행동과 사악한 말은 안정된 사회에서는 버려지지만 혼란스런 사회에서는 거침없이 통용된다. 〈유효〉

만 가지 변화에 대응하면서도 언행은 근본 원칙을 준수하고, 각 방면에서 적절한 처리를 하는 사람을 성인이라고 한다. 〈비십이자〉

4장

순자,
세상에 원칙을 세우다

상패한 순자
현대인을 꾸짖다

❰ 변론을 좋아하는 이유 ❱

군자는 변론을 좋아하기 마련이다.

君子必辯

순자는 변론을 좋아하는 사람이었다. 순자가 변론을 좋아한 이유는 그가 처한 시대의 특수상황과 밀접한 관계가 있다. 이런 상황은 간교한 말이 잇따르고 비정통적인 학설들이 성행하던 당시 시대상에서 가장 잘 드러난다.

머우쭝싼 선생은 순자가 처했던 시대는 학술 문화적으로 볼 때 백가가 다양한 학설을 주장하며 각자의 강점을 부각시키고 오색찬란한 광채를 뿜어내는 것만 같았지만 그 배후에는 여러 가지 부정적인 현상을 면하기 어려웠다고 평가했다. 그 중에는 수박 겉핥기, 허황한 학설로 밥벌이를 삼는 일, 유행과 대세를 따르는 일, 불합리한 세상에 대한 냉소적인 태도, 백일몽 속을 헤매는 환상주의 등이 있다.

정신적인 면에서 전국시대 말기는 개개인이 생기가 넘치고 과

단성이 뛰어나며 남다른 재능을 자랑했다. 하지만 이런 통쾌하며 상쾌한 모습의 배후에는 쉽게 드러나지 않는 황량함과 처연함이 숨겨져 있었고, 영롱한 색채를 내뿜는 기기묘묘한 담론 배후에는 주저함의 기운이 배어 있었다.

일본인 학자 카지 노부유키加地伸行는 "순자의 시대는 장래에 이뤄질 상상 속의 대국, 즉 통일제국을 구상하며, 이를 위해 철학적인 의미를 부여해가던 모색의 시대였다."라고 평가했다.

그러나 순자 자신은 "오늘날은 영명한 제왕이 세상을 떠나시어 천하는 어지럽고 간사한 말들이 일어나고 있다. 군자는 이를 다스릴 위세가 없고 형벌도 이를 금하지 않기에 변론이 필요하게 된 것이다. 今聖王沒, 天下亂, 奸言起, 君子無執以臨之, 無刑以禁之, 故辯說也"《순자·정명正名》라고 생각했다.

순자가 변론을 한 목적은 외적으로는 옳고 그름을 밝혀 손실과 충격을 제거하며, "모든 만물을 전면적으로 고려하여 치우치지 않는 평가를 내려 兼陳萬物而中懸衡"《순자·해폐》 온전하고 모자람이 없는 도를 실제로 드러내려는 데 있었다.

하지만 순자가 변론을 좋아한 실제 이유는 사람들이 분명한 변론을 통해 다시금 경건한 태도로 선왕의 도와 예의에 의한 통치를 지속해 나가며, 선왕의 도와 예의의 통치를 다시금 상기하고 현대사회와 미래 세계까지 이를 유지시켜 가도록 하는 데에 있었다. 그러므로 이는 군자의 "도를 알고 도를 지키며 도를 이행하는 知道, 守道, 履道" 정신의 발로라고 할 수 있다.

그러므로 순자가 말하기를 즐기고 변론을 좋아한 이유는 결코 자기가 하고 싶은 말을 속 시원하게 하고 싶어서라거나, 자신의 뛰어난 언변을 자랑하고 싶어서가 아니었다. 다른 말로 바꿔 말하자면, 순자에게 있어 언설과 변론은 인격의 연마나 마찬가지로 군자에게 없어서는 안 될 품격이며 동전의 양면과도 같았다.

인격의 연마라는 관점은 많은 설명을 할 필요성이 없을 것 같지만, 도의 전달이라는 관점에서 볼 때, 순자는 군자라면 반드시 변론을 하게 된다고 여겼다.

"자기가 좋아하는 것을 논하기 싫어하는 사람은 없다. 군자는 더욱이 그러하다. 凡人莫不言其所善, 而君子爲甚"

"군자는 말에 관해서는 싫어함이 없다. 君子之於言無厭"

군자가 변론을 좋아하는 것은 변론을 위한 변론을 하겠다는 것이 아니라 간언을 잠재우고 사악한 주장들을 몰아내며 선왕의 도를 전달하기 위해서였다.

'분별을 위한 변론有辨'을 사람이 되는 진정한 근본으로 판단한 순자의 관점은 언변을 인격수양의 일부분으로 삼는 철학 사조 중에서 가장 두드러진 예다. 순자는 말한다.

사람이 사람이 될 수 있는 이유는 단순히 두 다리로 걸으며 몸에 털이 없다는 것만이 아니요, 사물의 좋고 나쁨에 대한 분별능력이 있다는 것이다. 무릇 짐승은 아비와 자식은 있지만 부자의 친밀한 관계가 없고, 암컷과 수컷은 있지만 남녀의 구별은 없다. 그

러므로 사람이 사람이 되는 것은 사물의 좋고 나쁨을 분별할 수
있는 데에 있다.

人之所以爲人者, 非特以其二足而無毛也, 以其有辨也. 夫禽獸有

父子而無父子之親, 有牝牡而無男女之別. 故人道莫不有辨.

—《순자·비상》

순자에게 있어 변론 자체는 사람과 짐승을 구별하는 지표가
되며 사람의 도를 구성하는 중요한 구성요소임을 알 수 있다. '어
진 말을 분별 辨言仁'하려고 노력하면 "성급히 하는 말이라도 보
편적인 정서를 벗어나지 않고, 입에서 나간 말이라도 실제에 부
합하게 되며, 넓고 바르게 된다. 言而足聽, 文而致實, 博而黨
正", 즉 자신과 동물의 구별을 통해 군자의 경지에 해당하는 인격
연마 활동에 들어가는 것이다.

이 현상은 순자에게 있어 언변과 유세란 결코 말 자랑이나 글
재주가 아니라 선왕의 도와 예의에 의한 통치 등 '역사적 진리'에
대한 군자의 경험을 의미함을 일정 정도 나타내고 있다. 즉, 순
자는 군자의 변론이란 본질적으로 인격 연마의 일부분이라고 여
겼다.

君子必辯. 凡人莫不好言其所善, 而君子爲甚焉. 〈비상〉
贈人以言, 重於金石珠玉; 觀人以言, 美於黼黻文章; 聽人
以言, 樂於種鼓琴瑟. 〈비상〉

【 해석 】

군자는 변론을 좋아하기 마련이다. 자기가 좋아하는 대상에 대해 이야기
하기 싫어하는 사람은 없다. 군자는 더욱이 그러하다. 〈비상〉
타인에게 선한 말을 하는 것은 금은보화를 선물하는 것보다 더 귀중하다.
타인에게 선한 말을 나타내는 것은 오색 수를 놓은 비단보다 더 아름답다.
선한 말을 들려주는 것은 종과 북, 비파와 수금의 노랫소리보다 더 즐겁다.
〈비상〉

▌▌ 담설의 자세와 의의 ▐▌

**이를 두고 자신이 귀중히 여기는 것을
타인도 귀중히 여기도록 만드는 방법이라 한다.**
夫是之謂爲能貴其所貴

일반적으로 담설談說이란 일종의 권유의 경향을 띤 활동으로써 목적성과 밀접한 관련을 맺고 있다. 전국시대에 담설이 유행했으며, 소진蘇秦과 장의張儀가 대표적인 인물이다. 소진은 전국시대의 책사로 합종설合從說을 주창하여 한·위·조·연·초·제의 육국을 합종하여 진나라에 대항케 하여 스스로 육국의 재상이 된 사람이며, 장의는 전국시대 위나라의 모사로 소진의 주선으로 진나라 혜문왕 때 재상이 되었다. 연횡책을 주창, 6국을 설득해 진나라를 중심으로 하는 동맹관계를 맺게 했다.

　그들은 평민의 신분으로서 세 치 혀를 놀려 합종책과 연횡책을 선전했으며, 제후들에게 유세활동을 벌인 그들의 영향력은 사마천이 《사기》에서 그들의 열전을 따로 저술하지 않으면 안 될 정도로 어마어마해졌다. 물론, 담설 중에는 목적성도 없고 이기적인 이익추구도 강하지 않은 담설도 있다. 위진 시기 '명사'들의 담설이 그 중의 한 종류일 것이다. 머우쭝싼 선생은 이에 대해 다음과 같이 간결하게 서술하고 있다.

'명사'란 어떤 사람인가? 개괄적으로 또 발전의 주요 양상을 놓고 볼 때, 명사라면 우선 청담淸談을 할 줄 알아야 한다. 청담이란 생각나는 대로 하는 담설이 아니며 일정한 내용이 필요하다. 즉, 노자, 장자, 역경易經 등 3가지 기이한 화제를 다룰 줄 알아야 한다. 또한 일정한 방식이 필요하다. 학문을 연구하는 태도 혹은 학구적인 방식으로 이야기하는 것이 아니라 당시의 언어로 이야기하며 완곡한 말로 정곡을 찌르는 '담언미중談言微中'의 방식을 사용해야 한다. '담언미중'이란 간단한 몇 마디 말로 아주 적절하고도 멋지게 이야기할 수 있다는 뜻이다.

청담에는 또한 일정한 자세가 필요하다. 명사들은 대부분 청담을 할 때 주麈(고서에 나오는 사슴 류의 짐승)의 꼬리로 만든 먼지떨이를 들고 이야기하기를 좋아했다. 이것은 미학적인 면을 강조하는 자세와 정서이다. 말하는 자태는 훗날 말하는 언어와 행동이 고상한가 여부로 발전했다. 지루한 말투와 멋없는 행동은 명사가 도저히 참을 수 없는 것이기에 그들 자신 역시 아름다운 자세와 모습, 즉 멋을 추구했다.

순자 역시 담설을 매우 중요시했다. 하지만 그의 담설은 당연히 위진의 명사들처럼 외적인 멋만 추구하지는 않았다. 허나 그역시 군자의 담설은 일정한 방법이 필요하다고 생각했다. 자신의박학다식함을 그저 노골적으로 드러내려는 것이 아닌, 예의를기초로 하는 내용의 담설은 반드시 모습, 눈빛, 마음, 의지 등 갖가지 면에서 드러나야만 한다는 것이다. 즉, 단정하고 침착한 태도, 선하고 정성스러운 마음씨, 강인한 의지력 등이 그것이다.

그러나 군자의 담설이 왜 모습과 눈빛, 마음, 뜻에 반드시 표현되어야 한단 말인가? 이는 담설이 현대인의 담설처럼, 그저 역사적 지식만 늘어놓는다면 이런 담설에서 추구할 수 있는 것이란기껏해야 말하는 동작이나 담론하는 장소에 불과할 것이기 때문이다.

순자는 군자의 담설은 전혀 그럴 수 없다고 생각한 것이 분명하다. 순자는 군자의 담설은 마음속에 경건함을 갖추고 단정하고 침착해야 한다고 주장했다. 왜냐하면 담설 자체는 단순히 지성적인 인식만을 나타내는 것이 아니기 때문이다. 담설은 자신의주장을 펼치는 동시에 선왕의 도와 예의의 통치에 대한 자신의경험과 되새김을 표현해야 한다. 그러므로 다음 구절은 이와 분명한 대비를 이루고 있다.

"무릇 언어가 고대 선왕의 예법도덕에 부합하지 않고 예의에어긋나면 이를 간언이라고 부른다. 아무리 유창하고 조리가 있다 하더라도 군자는 듣지 않는다. 凡言不合先王, 不順禮義, 謂之

奸言, 雖辯, 君子不聽"《순자·비상》

  순자의 말과 표정에서 경멸과 질시가 철철 흘러넘치고 있다.

  만일 순자의 담설을 선왕의 도에 대한 자신의 경험과 되새김이라고 이해한다면, 선왕의 도란 담설을 말하는 사람이 마주친 외재하는 객관적인 도에 불과한 것이 아니라 말하는 사람 자신의 존재론적 규정이 되어야 한다. 이와 같이 말하는 사람의 담설과 변론은 근본적으로는 일종의 자신으로의 회귀이며, 한스-게오르그 가다머Hans-Georg Gadamer(철학적 해석학을 정립한 독일의 세계적인 철학자)가 말한 것처럼 '주체성'에 우선하는 이해 행위로서 현대적인 의미의 논쟁 능력과 인지 방식이 다른 '역사진리'의 배양을 나타내준다. 이런 배양은 사실 우리가 본래 가지고 있던 것들에 대한 일깨움이라고 할 수 있다.

談說之術, 矜莊以莅之, 端誠以處之, 堅强以持之, 譬稱以
喻之, 分別以明之, 欣驩芬薌以送之, 寶之、珍之、貴之、神之.
如是則說常無不受. 雖不說人, 人莫不貴. 夫是之謂爲能貴其
所貴. 〈비상〉

【 해 석 】

담설의 기교에 대해 말하자면, 말하는 사람은 단정하고 침착한 태도로 임
하며, 선하고 정성스러운 마음씨로 처리하며, 강인한 의지로 진행 중인 일
을 끝까지 계속해야 한다. 비유를 들어 일의 도리를 밝히어 말하고, 분석
과 구별을 통해 같은 점과 다른 점을 분명히 분별하며, 담설할 때는 즐거운
마음과 호의적이며 따뜻한 말투로 사람을 대하며, 자신은 말을 보배처럼
여기고 아끼며 귀중히 여기고 놀라워해야 한다. 이렇게 할 수 있는 사람이
있다면 그 사람의 말은 자연히 타인에게 받아들여질 것이다. 비록 기쁘게
받아들여지지 않는다 하더라도 타인은 그 말을 귀중히 여기지 않을 수 없
다. 이를 두고 자신이 귀중히 여기는 것을 타인도 귀중히 여기도록 만드는
방법이라 한다. 〈비상〉

▌ 본래의 나와의 만남 ▐

성인은 자신의 뜻으로 옛 사람의 뜻을 헤아리는 데에 능하다.

聖人者, 以己度者也

순자의 이 말을 듣고 있노라면 장자 〈추수〉편의 한 구절이 자연스레 떠오를 것이다.

"만일 도로써 이 세계를 바라본다면, 만사와 만물은 모두 귀하고 천함과 옳고 그름의 차이가 없어지게 된다. 그러나 만일 한 사물의 관점에 국한되어 바라본다면 자신과 같은 사물은 정확하고 고귀한 것으로 여기고, 자신과 다른 것은 잘못되고 천한 것으로 여길 것이다. *以道觀之, 物無貴賤; 以物觀之, 自貴而相賤*"

그러나 순자는 '도로써 이 세계를 바라본다. *以道觀之*'라는 말과 '한 사물의 관점에 국한되어 바라본다. *以物觀之*'라는 말을 대립시킬 수 없다고 여긴 것이 분명하다. '도로써 바라볼 때'만이 '현대인의 마음으로 옛사람의 마음을 헤아릴 수 있고, 현대인의 정으로 옛사람의 정을 헤아릴 수 있으며, 동류의 도리에 따라 동류의 사물을 헤아릴 수 있다. 以人度人, 以情度情, 以類度類' 그러나 어떻게 도로써 바라볼 때 '헤아릴 수 있느냐?'고 묻는다면, 우리는 논리적인 관점에서 "이것은 유추 추리를 설명한다."라고 대답할 수 있을 것이다.

그러나 문자적인 뜻으로 말하자면 '도度'는 '살펴 생각한다, 추측하다, 헤아린다'라는 뜻을 갖는다. 육구연이 말한 "이치와 인정에 맞는 일은 누구나 생각하는 바가 서로 같게 마련이다. 人同此心, 心同此理", "동해에서 성인이 나지만 …… 서해에서도 성인은 난다. 사람의 마음이 같고 사물의 이치도 같다. 東海有聖人出焉 …… 西海有聖人出焉, 此心同也, 此理同也"라는 말에는 '마음으로서 마음을 헤아리는' 차원이 포함된다고 할 수 있다.

순자의 관점에서 본다면, 성인은 그 시대 사람의 마음으로 옛 사람의 마음을 헤아릴 수 있고, 그 시대 사람의 정으로 옛 사람의 정을 헤아릴 수 있으며, 동류의 도리로서 동류의 사물을 헤아릴 수 있고, 그 말로써 그 공적을 헤아릴 수 있고 예의의 도로써 천하 사물의 이치를 전부 엿볼 수 있다. 그러므로 옛날도 지금과 전혀 다를 바 없는 세계이고 오늘날의 것으로서 옛 것을 헤아릴 수 있는 것이다. 물론, 이론적으로 우리는 이렇게 추궁할 수 있다. "현대인의 마음으로 고대인의 마음을 헤아리고 현대인의 정으로서 고대인의 정을 헤아리는 것이 어떻게 가능한가?"라고 말이다. 이 질문에 대한 대답은 이론과 정서적인 측면에서 인간의 역사와 관련하여 존재하는 연속성의 개념을 가리킬 수 있을 것이다. 구체적으로 순자의 시대에 이르러 이 개념은 선왕의 도와 예의의 통치에 대한 사람들의 공통감 문제와 연관이 된다.

여기서 말하는 공통감이란 임마누엘 칸트Immanuel Kant가 말한 정감의 선천적인 기초로서, 마음이 혼연 일체된 소통능력으로 나타나며, 이런 소통능력을 통해 사고思와 반사고反思 간에는 단순한 통일만 이루어지는 것이 아니라 자신의 분열을 소멸시킴으로써 통일로 돌아갈 수 있게 된다.

순자는 성인과 덕망 높은 진정한 군자가 '헤아릴' 수 있는 이유, 선왕의 도로 다시 '회귀되고' '다시 사랑을 받을 수 있는' 이유는 이런 '선왕의 도'가 단순히 말하는 사람의 지혜와 생각에 맞는 외재하는 객관적인 도일 뿐 아니라 말하는 사람 자체에 속하는 존재론적 규정이라는 사실을 나타낸다고 보았다.

순자는 예의와 교화에 힘을 썼는데 사실상, 존재론Ontology적인 면에서 선왕의 도와 예의의 통치에 대한 사람들의 보편적인 공통감을 촉발시킴으로써 현실의 자신이 기억 속의, 또는 역사 속의 자신과 '만남'을 갖도록 했다. 이런 만남은 일종의 '집에 있는 듯 편안한' 회귀로 볼 수 있다.

그러나 '만남'이든 '회귀'든 간에 여기서는 모두 이론적, 추상적 사변은 아니라는 것을 반드시 말해둘 필요가 있다. 왜냐하면 사람에게 주어진 의지의 방향은 이성적 추상적 보편성으로 표현되지 않으며, 특정한 민족, 집단 혹은 국가의 구체적인 보편성으로만 표현되기 때문이다.

그러므로 이런 '만남'과 '회귀'는 직접 경험하고 직접 증명하는 성질을 가진 구체적인 성취요, 개체가 그 현실적인 존재의 개별성을 벗어나 자아의식의 빛을 통해(순자는 대개 '심택心擇, 마음의 선택', '정지征知, 사람이 마음의 생각을 운용하여 감각기관인 천관으로부터 얻은 각종 이미지를 귀납, 분류, 분석하여 이성적인 인식을 하는 것'의 뜻으로 표현함) 자신의 문화와 도덕신분을 규정하는 언어, 습관과 제도를 깨닫게 된다.

그러나 이런 언어, 습관과 제도는 순자에게 있어서는 자연히 선왕의 도와 예의의 통치보다 중요할 수 없다. 이런 선왕의 도, 예의의 통치는 현실의 개체로 말하자면 본래 독존하고 외재하는 객체가 아니다. 그러므로 소위 '만남'과 '회귀' 역시 두 낯선 타자가 서로 간섭하지 않는 우연한 만남이 아니라 역사진리 속의 나와 현재 이 시간을 살아가는 나 사이의 화해와 합일에 더욱 가깝다.

개인의 개별적 존재가 선왕의 도의 보편적 존재 속으로 녹아들어가는 것은 본질적으로 개인의 헤아림에 공공의 품격을 부여한 것이다. 그러므로 살펴 헤아림이 가능할 수 있는 까닭은 공통감의 촉발을 통해 개별적인 각 사람과 연관이 되며 이에 따라 스스로 보편성과 이해 가능성을 획득하기 때문이다.

그러나 공통감은 공동의 지식과 이해 혹은 공감이 아니다. 공동의 지식과 이해(일반적으로 말하는 공감)는 개념을 통해 형성된 판단으로 이 판단은 정감과 연관을 맺지 않지만, 공통감은 정감적인 요소를 항상 내포하고 있다. 그러므로 공통의 지식과 이해는 일종의 지성적인 활동이며, 지성의 본질은 반드시 순사고의 범주를 기초로 해야만 한다. 그렇다면 판단활동 중에서 범주는 지성이 활동 자체를 벗어나도록 하는 역할을 하며, 또한 정감의 특수성을 벗어나도록 해 스스로 추상적인 보편성이 된다. 이와 달리 공통감은 구체적인 보편성을 드러내며, 이는 실천 과정에서 완성된다. 그러므로 '예의의 도로써 천하 사물의 이치를 모두 보는' 헤아림 역시 구체적인 일에서부터 실천과 훈련을 할 수 있다.

순자는 '지속적인 반복, 즉 쌓음積'이란 말을 좋아했다. 이는 그의 이성과 경험품격과 관련이 있기는 하지만, 예의의 체계, 역사 문화와 유가의 법도 및 치법의 '헤아림'과 '공감' 역시 이 '지속적인 쌓음'에서부터 비롯된다. 그러므로 순자가 '지속적인 쌓음'을 말하는 이유는 실제로는 사람들에게 '과거'의 각도에서 보는 역사기억을 전개시켜주고 이로써 사람들에게 '우리가 어디에서부터 오는가?'라는 도덕신분에 대한 규정 및 인간의 생명과 생활양식을 전개시켜 주기 위해서이다.

이런 헤아림과 공통감은 일종의 능력일 뿐 아니라 일종의 문화, 전통, 습관과 제도의 존재적 규정이기도 하다. 이것은 '사람으로서 사람을 헤아리고 정으로써 정을 헤아리며 동류의 도리로서 동류의 사물을 미루어 헤아리게' 함으로 개인의 내재적인 경험과 타인의 내재적인 경험 간에 공감이 가능하도록 한다.

우리는 항상 '입장을 바꾸어 다른 사람의 처지를 생각해보라'고 말하지 않는가?

聖人者, 以己度者也. 故以人度人, 以情度情, 以類度類, 以
說度功, 以道觀盡, 古今一也. 〈비상〉

【 해 석 】

성인은 자신의 뜻으로 옛 사람의 뜻을 헤아리는 데에 능하다. 그러므로 이
세대 사람의 마음으로 옛사람의 마음을 헤아릴 수 있고, 이 세대 사람의
정으로 옛사람의 정을 헤아릴 수 있으며, 동류의 도리에 따라 동류의 사물
을 헤아릴 수 있고 한 사람의 말을 통해 한 사람의 공적을 헤아릴 수 있으
며 예의의 도로서 천하 사물의 이치를 전부 엿볼 수 있으니 옛날과 지금은
다름이 없다. 〈비상〉

❰ 운명을 거스르는 정신 ❱

우연히 맞닥뜨리게 되는 것을 운명이라고 한다.

節遇謂之命

《삼국연의三國演義》를 읽으며 "제갈량諸葛亮을 낳으셨다면 왜 주유周瑜도 낳으셨습니까? 旣生亮, 何生瑜"라는 주유(삼국시대 오나라의 명장, 제갈량에 패전하여 얻은 화병이 원인이 되어 병사함)의 한 맺힌 외침에 이를 때면 누구나 운명의 무정함에 대해 생각하게 될 것이다. 일반적으로 우리네 삶이 사는 것도 죽는 것도 아닌 것처럼 괴로울 때는 운명의 장난에 대해 더욱 골똘히 생각하기 마련이다.

이 세상을 살다 보면 너무나 많은 불확실한 요소와 각종 예기치 않았던 힘들을 마주하게 된다. 그리고 바로 이런 것들 때문에 사람의 일생은 한 순간에 뒤바뀌고는 한다. 번화한 대로를 유유히 걸어가고 있다가도 호랑이처럼 사납게 달려드는 차에 생명을 빼앗길 수도 있고, 조용한 시골에서 한가하게 전원생활을 즐길 때에도 어쩌면 한 바탕 지진이 우리를 순식간에 황천길로 불러갈 수도 있는 노릇이다.

맑은 이성은 우리에게 말한다. 이런 것이 바로 '기우杞憂'라고 말이다. 그러나 차바퀴 아래 깔린 사람과 지층 깊숙이 삼켜진 사람의 입장에서는 '기우'라는 이 말을 어떻게 받아들여야 할까?!

인생에서 어렵사리 좋은 기회를 만난다고 해도 그 기회를 제대로 살릴 수 없거나, 이런저런 이유로 그 기회가 사라져가는 것을 물끄러미 바라만 봐야 할 때, 좋은 기회에 대한 '무력감'은 다시금 우리에게 운명을 생각나게 한다.

소크라테스는 "검증을 받지 않은 인생은 살아갈 가치가 없는 인생이다."라고 말하기는 했지만 만일 자신의 인생과 처지에 대해 진정한 검증을 하게 된다면 운명의식과 비극적인 느낌은 사라지는 대신 오히려 더 강렬해질 것이다. 우리는 그저 일반인의 의식만을 가지고 있기 때문이다.

에스파냐의 철학자이자 극작가인 미겔 데 우나무노Miguel de Unamuno는 《생의 비극적 감정Del sentimiento trágico de la vida》(1912)에서 "인간이 의식을 가지는 현상이 일단 현실화 되면, 인간은 노새나 꽃게보다 더 병적인 동물이 된다. 의식은 일종의 질병이다."라고 지적한 바가 있다.

곰곰이 생각해보자. 사람의 고난, 사람의 번뇌, 사람의 생로병사, 부귀영화에 대한 염려, 이 모든 것은 인간의 의식에서 시작되는 일련의 활동이 아닌가? 그러나 이 모든 것을 간파하고 이 모든 것을 꿰뚫어 볼 수 있는 소수의 사람들은 이런 의식의 활동을 초월할 수 있다. 그러므로 그는 운명 때문에 안달복달하지 않는다. 그와 반대로 이런 사람들에게는 운명이 안달복달하게 되어 있다.

"바꿀 수 없다는 것을 깨달았다면 있는 모습 그대로 받아들이도록 하자. 이것이야말로 인생 최고의 덕목이다. 知其不可奈何而安之若命, 德之至也"《장자·내편·인간세 4장》

장자는 이런 말로 어떤 환경에도 잘 적응하고 만족하는 원만함과 도량이 큰 낙관적인 마음을 표현했다. 운명에 대해 장자는 '현해懸解(거꾸로 매달린 것이 풀린다는 뜻으로, 생사의 고락을 초월함을 가리킴)라는 말을 통해 모든 집착을 내려놓고 모든 아집에서 벗어나 운명의 뜻을 따르라는, 인생에 관한 또 다른 지혜를 깨우쳐준다.

사실 '운명'이란 본래의 뜻으로 따져보자면, 완전히 정해져서 더 이상 바뀔 가망성이 없음을 의미한다. 아무리 하늘의 뜻을 되돌릴만한 강력한 힘과 능력을 가지고 있다 할지라도 결국에는 운명이 가져오는 최후의 결과를 벗어날 수 없기 때문이다. 그러나 이런 해석은 유가에서는 전혀 유례가 없는 운명주의와 숙명론일 뿐이다.

공자는 안연顏淵에게 "죽고 사는 것은 운명이며 부하고 귀한 것은 하늘에 달려있다. 死生有命, 富貴在天"라고 말했고, 제자들에게는 자신이 제후들의 중용을 받지 못한 것이 운이 나빴기 때문이라며 불우한 신세를 한탄하기도 했지만 공자는 실제 인생에서 시종일관 '할 수 없다는 것을 알면서도 반드시 도전하는 知其不

可而爲之' 적극적인 삶의 자세를 가졌다. 맹자는 이 태도를 '입명立命(천명을 좇아 마음의 안정을 얻음) 및 '정명正命'(자신이 할 수 있는 최선의 도리를 다하고 죽음)' 철학으로 발전시켰다.

생사와 부귀는 운명의 계획에 따라야 하기에 자신의 소망대로 이루어지지는 않는다. 하지만 사람은 있는 힘을 다해 도를 행해야 하며, 해야 할 일과 할 수 있는 일들을 해야 한다. 그러나 순자는 이 세상에는 스스로 좌지우지할 수 없는 우연적인 요소들이 너무 많기 때문에 이런 제한이 사람에게 운명이 되는 것일 뿐이지, 인간은 자신의 자각적인 노력을 통해 인생의 의미 있는 선택과 자아 가치의 실현을 이뤄낼 수 있다고 여겼다.

여기서 전자는 '운명命', 후자는 '의義'이며 이 둘은 서로 다른 두 영역에 속한다. 우리는 이 둘 각자의 독립성을 인정해야 어떤 것이 원해도 이룰 수 없는 것인지, 어떤 것이 반드시 노력을 해야 이룰 수 있는지를 알게 된다. 다른 말로 우리는 인생 중 절대 넘어설 수 없는 면을 직시해야만 우리가 책임져야 할 의무를 책임질 수 있다는 것이다. 만일 끊임없는 원망과 불평에만 쌓여 운명의 배에 따라 부침을 거듭한다면 순자에게 있어서 이것은 '무지(無志)', 즉 견식이 없는 행동이다.

節遇謂之命. 〈정명〉

夫賢不肖者, 材也; 爲不爲者, 人也;遇不遇者, 時也; 死生者, 命也. 〈유좌〉

自知者不怨人, 知命者不怨天;怨人者窮, 怨天者無志. 〈영욕〉

【 해 석 】

우연히 맞닥뜨리게 되는 것을 운명이라고 한다. 〈정명〉

한 사람이 지혜로운지 어리석은지 여부는 자질이 결정한다. 선한지 악한지 여부는 자신이 스스로 결정한다. 인정을 받고 중용을 받는 것은 시기와 운이 결정한다. 생과 사는 운명이 결정한다. 〈유좌〉

스스로 깨닫고 스스로 반성하는 사람은 타인을 원망하지 않는다. 자신의 운명을 아는 사람은 하늘을 원망하지 않는다. 타인을 원망하고 탓하는 사람은 반드시 곤궁에 처한다. 운명을 알지 못하고 하늘을 원망하는 것은 견식이 없는 것이다. 〈영욕〉

증국번이 우왕과 탕왕의 관상을 본다면

**사람의 생김새를 보고 길흉화복을 판단하는 관상은 옛사람은
행하지 않았고, 학식 있는 사람 역시 논하지 않았던 것이다.**

相人, 古之人無有也, 學者不道也

설복성薛福成(근대 산문가, 외교가, 양무운동의 주요 지도자로 증국번 막부에 참여,
'증국번 문하의 4제자' 중 하나) 등 만청 인사들은 어떻게 해서든지 증국
번曾國藩(청나라 말기의 정치가, 군사가, 문학자)의 순정한 학식을 갖춘 정통
적인 선비 이미지를 보호하기 위해 증국번이 관상학을 연구한 적
이 있고 심지어 관상학에 매우 정통했다는 사실까지 애써 감추
고 부정하려 했다. 하지만 그럼에도 불구하고 관상학 쪽에서 증
국번의 명성이 너무 컸던 탓에 민국 시기에는 누군가가 《빙감冰
鑒》이라는 고대 관상학 서적이 증국번의 유작이라며 함부로 그
의 이름을 갖다 붙이기까지 했다.

증국번이 본 관상 중에서 최고로 영험했던 예는 그가 만년에
회군淮軍(만청 시기 증국번의 지시 하에 리훙장이 모집한 지방 의용병. 중국 근대 군

대의 전신이며 청나라의 주요한 국방력을 담당)을 시찰하던 때의 에피소드를
들 수 있다.

군대 사열 당시 증국번은 얼굴 가득 불길한 기운에 휩싸인 한 사
람을 발견하고 곧 요절할 상임을 직감했다. 하지만 당시는 시기가
태평하고 전쟁이 없는 때였다. 게다가 그 사람은 건장한 신체에 아
무런 질병도 없는 것이 확실했다. 그럼에도 증국번은 이 사람이
'신비한 기운에 의해 절명하게 될 사람'이라고 예언했다. 과연 며칠
후, 이 건장한 사나이는 말에서 떨어져 목숨을 잃고 말았으며, 이
로써 증국번의 예사롭지 않은 관상 능력은 만천하에 입증되었다.

사람의 생김새는 모두 다르게 생겼다. 이목구비를 가지고 한
사람의 길흉화복과 부귀함과 천함, 현명함과 우매함을 가려내는
방법은 중국 전통 관상학이라는 신비하고도 독특한 문화전통으
로 자리 잡았다.

《증국번 일기》의 내용을 보면, 관상을 볼 때 그는 무엇보다 먼
저 사람의 눈을 본다고 적혀 있다. 예를 들면 "눈동자가 함부로
움직이지 않으면 믿을 수 있다."라든지, "눈동자가 자주 움직이
면 그다지 믿음직스럽지 못하다." 등이다. 그 다음으로는 코와 입
을 보며, 예를 들어 "코가 비뚤어져 있으면 믿을 수 없다."라든지,
"입이 작으면 믿을 수 없다." 등이다. 그 다음으로는 체격인데 "뼈
대가 자그마하고 허리가 곧으면 영리하고 정이 많지만 교활함이

염려되기도 한다."라든지, "몸매의 균형이 잡히고 콧대가 똑바르며 눈과 눈 사이가 먼 사람은 쓸모 있는 인재일 수 있다." 등등의 글을 남겼다.

증국번은 일생 동안 글과 시도 창작했으며, 전장의 피바람도 경험해본 만큼 세상 경험도 많고, 사람에 대해서라면 누구보다 더 잘 알고 있었다. 그의 뛰어난 관상술은 그 인생의 성공의 열쇠 중 하나였으며, 많은 사람들의 찬사를 받기까지 했다. 그렇지만 관상학은 미신일까, 아니면 과학일까? 경험적인 가능성일 뿐일까, 아니면 필연적인 논리의 귀결일까? 혹은 누구도 알 수 없는 신비한 묘술일까?

순자의 시대에도 관상학은 매우 성행했다. 하늘과 땅의 천재지변조차 길흉을 예고하는 전조로 믿던 순자의 시대는 "대도를 따르지 않고 무속신앙을 행하며, 구복술을 믿었다. 不遂大道而營於巫術, 信機祥"라 하여, 황당무계한 관상술사들은 사람의 골상을 보고 길흉과 귀천을 예측할 수 있다며 허무맹랑한 말로 대중을 미혹했다.

그래서 순자는 특별히 〈비상〉편을 통해 이런 사회현상을 비판했다. 순자는 사람의 얼굴을 보고 한 사람의 길흉화복을 판단하는 이런 일은 옛사람은 하지 않았고, 학식 있는 사람들도 논하지 않았던 일이라고 보았다.

만일 관상술사들이 말한 그대로 사람의 몸매와 얼굴 생김, 크고 작고 뚱뚱하고 마른 체격으로 사람의 현명하고 어리석으며 귀

실패한 순자, 현대인을 꾸짖다

하고 천함을 알 수 있다면, 결과적으로 이는 아주 기본적인 사실마저 설명하지 못할 뿐이다.

예를 들어, 공자의 얼굴은 가면처럼 생기고 주공은 말라 죽은 고목나무처럼 생겼으며, 순 임금의 사법관이었던 고요皐陶는 얼굴빛이 껍질을 벗겨놓은 오이같이 푸르죽죽했다는 등의 사실이다. 또 우 임금은 절름발이라서 한걸음 걸을 때마다 세 번을 허우적거려야 했고, 탕 임금은 반신불수였다. 그와 반대로 주紂(상나라의 마지막 군주였던 폭군), 걸桀(하나라의 마지막 군주였던 폭군) 등은 몸집이 우람하고 잘 생겼으며 행동이 민첩하고 강건할 뿐 아니라 보통 사람 이상의 정력을 갖추고 있었다. 그렇다면 우리는 그들의 길흉화복과 귀천을 어떻게 평가해야 할까?

확실히 순자는 관상학을 힘써 배격했다. 목적은 사람들이 잘못된 판단에 빠지지 않고 예의의 올바른 길로 돌아가도록 하기 위해서였다. 만일 선천적인 얼굴 생김새로 한 인간의 선악을 판단하는 근거를 삼는다면 우리는 신비의 세계와 요사스러운 말, 운명주의에만 몰입하게 될 뿐, '진리를 알거나知道', '진리를 지킬守道' 필요도 없고 그렇게 할 리도 없을 것이다. 게다가 예의의 표준으로서 자신을 채찍질하고 격려할 리는 더욱 더 없을 것이다.

순자는 세상 사람들에게 "만일 한 사람이 선택한 도와 학술이 정확하며, 진심을 다해 이를 따른다면 비록 얼굴은 못 생겼다 하더라도 내면적인 활동은 아름답고 선할 것이며, 당당한 군자가 되기에도 전혀 흠이 없을 것이다."라고 설명한다.

어쩌면 사람들은 말할 것이다. 순자가 관상술을 비판하려고 군자니, 소인이니, 마음의 학문이니 도의 학문이니 하는 여러 가지 가치표준을 끌어들였지만 관상술은 몇 천 년 동안이나 사람들을 매혹시켜온 오랜 역사와 전통을 자랑하는 학문이라고 말이다. 관상술은 신기하고 불가사의한 힘을 발휘할 뿐만 아니라, 도덕적인 측면의 평가는 완전히 배제한다 하더라도 실제적인 이익 측면에서 판단의 근거를 제시해 주며, 불완전하지만 경험의 가치를 실현시켜 줄 수 있다.

만일 중국번과 우임금, 탕임금, 걸, 주가 이 세상에 다시 태어나 우연히 길에서 마주쳐 서로 눈길을 주고받는다면, 과연 중국번의 입에서는 어떤 말이 튀어나올까? 그것이 정말 궁금하다.

상쾌한 순자, 현대인을 꾸짖다

相人, 古之人無有也, 學者不道也. 〈비상〉

相形不如論心, 論心不如擇術. 形不勝心, 心不勝術. 術正而
心順之, 則形相雖惡而心術善, 無害為君子也. 形相雖善而心
術惡, 無害為小人也. 〈비상〉

【 해석 】

사람의 생김새를 보고 길흉화복을 판단하는 관상은 옛사람은 행하지 않
았고, 학식 있는 사람 역시 논하지 않았던 것이다. 〈비상〉

한 사람의 생김새, 몸매를 관찰하느니 차라리 그의 내면적인 활동을 연구
하는 것이 낫다. 한 사람의 내면적인 활동을 연구하느니 차라리 그가 선택
한 사상과 학술을 눈 여겨 보는 것이 낫다. 한 사람의 형상은 그 사람의 내
면적인 활동을 결정할 수 없고, 내면적인 활동 역시 그가 선택한 사상과 학
문을 넘어설 수 없다. 그가 선택한 사상과 학문의 세계가 정확한 것이고 또
진심을 다해 이를 따른다면, 비록 얼굴이 못 생겼더라도 내면적인 활동은
아름답고 선할 것이며, 군자가 되기에도 흠이 없을 것이다. 얼굴과 몸매가
아무리 아름다워도 내면적인 활동이 악하다면 품행이 저열한 소인이 되기
에 부족함이 없을 것이다. 〈비상〉

포장과 쇼로 얻어지는 영광

**정의가 앞서고 개인적인 이익이 뒤따르는 것을 영광이라고 한다.
개인적인 이익이 앞서고 정의가 뒤따르는 것을 치욕이라고 한다.**

先義而後利者榮, 後利而後義者辱

시끄럽고 혼란스러운 사회에서 우리는 과연 무엇이 진정한 영예
이고, 무엇이 진정한 치욕인지 분간하기가 매우 어려워졌다. 세
상에는 수많은 사람들에 의해 "진정한 영예와 치욕이란 무엇인
가?"라는 문제가 제기되고 있으며, 이는 수치스러움을 모르는
뻔뻔스러운 사회와 바른 기운이 쇠하고 진리가 상실된 현실을 단
면적으로 반영해주고 있다.

　이런 의미에서 볼 때, 노자가 말한 "위대한 도가 없어진 후에야
어짊과 의로움이 생기게 되었다. 지혜가 나타나게 되면서 허위
와 거짓이 생겨나게 되었다. 육친이 불화하는 사회가 되어야 부모
에 효도하고 자녀에 자애로운 일이 두드러져 보이며, 나라가 혼
란스러워야 충성하는 신하가 드러나게 된다. 大道廢, 有仁義. 智

慧出, 有大僞. 六親不和有孝慈, 國家混亂有忠臣"라는 말을 다시 한 번 되새기노라면, 노자의 깨달음이 가슴 깊이 와 닿지 않을 수 없다.

중국의 옛 선조들은 역대 이래로 영예와 수치를 매우 중시했으며, 유가는 특히 심했다. 영예와 수치의 문제는 개인 인격의 존엄성에 관계될 뿐 아니라 사회 풍기의 순화와도 관계가 있기 때문이다.

맹자는 '어짊'을 영예와 수치의 표준으로 보았으며 "어진 것은 영예요, 어질지 못한 것은 수치다. 仁則榮, 不仁則辱"라고 여겼다. 맹자의 어짊과 어질지 못함은 모두 각 개인의 행동의 결과라는 것 외에도 예의와 스승의 법도를 본받음의 중요성을 더욱 강조하고 있다.

인성에는 현명함과 어리석음의 구분이 없다. 소위 말하는 군자와 소인의 구분이다. 평안과 위기, 이익과 해악의 분별은 모두 개인의 누적된 습관에 따라 달라지며 그렇기에 위정자는 반드시 교육과 지도에 대한 책임을 져야 한다.

영예를 세세하게 나눠본다면 '의로운 영예'와 '권세로 인한 영예' 두 가지로 나눌 수 있다. 간단하게 말하자면, '의로운 영예' 란 한 사람의 행위와 인격이 사회 공중의 포상을 받는 것을 말하며, 덕성과 인격의 도야를 격려하고 후진들을 채찍질함으로써 미풍양속을 만들어갈 수 있는 영예이다.

그러나 소위 말하는 '권세로 인한 영예'는 각종 대회 수상 내지는 선조의 배경을 통해 얻어진 영예를 말하며, 이런 영예는 당연히 당사자에게 일정 정도의 만족감, 성취감을 줄 수 있다. 예를 들어 차력사가 커다란 트럭 한 대를 끌 수 있다면 사람들의 부러움과 경탄은 받을 수 있겠지만, 도덕적인 가치라는 면에서는 황금보기를 돌 같이 하는 청렴한 행동과는 비교할 수가 없을 것이다. 그러므로 도덕적인 만족감을 주는 영예라야 '의로운 영예'라고 할 수 있다.

우리의 현실 속에서 소위 영예란 것은 이미 실리주의자들에 의해 도소매 공급이 모두 가능한 손 안의 상품으로 변질되었다. 수많은 명목의 '포장'과 가지각색의 화려한 '쇼' 가운데서 영예는 이미 통속적인 명예와 이익의 대체품이 되었으니, 순자가 말한 "소인의 학문은 가금과 송아지 등을 선물하고 아부하며 자신의 허영심을 만족시키는 데 쓰인다. 小人之學也, 以爲禽犢"라는 말이 피부에 와 닿는 현실이다.

先義而後利者榮, 後利而後義者辱. 〈영욕〉

好榮惡辱, 好利惡害, 是君子·小人之所同也, 若其所以求之
之道則異矣. 〈영욕〉

정의가 앞서고 개인적인 이익이 뒤따르는 것을 영광이라고 한다. 개인적인
이익이 앞서고 정의가 뒤따르는 것을 치욕이라고 한다. 〈영욕〉

영예를 사랑하고 치욕을 혐오하는 마음, 이욕利慾을 사랑하고 화와 해악을
혐오하는 마음, 이것은 군자나 소인이나 모두 마찬가지다. 그러나 영예와
이욕을 추구하는 방법, 치욕과 해악을 피하는 방법은 군자와 소인이 각각
다르다. 〈영욕〉

수단과 방법을 가리지 않는 명성 추구

오직 예의에 부합하는 것이라야 귀하다 여김 받을 수 있다.

唯其當之爲貴

학자들은 일반적으로 진정한 학문이라면 언제나 '현실적인 관심'과 '궁극적인 목표'라는 두 가지 측면을 벗어날 수 없다고 여긴다. 현실적인 관심이란 한 사회의 정치, 경제 등 현실적인 면의 문제를 가리킨다. 궁극적인 목표란 문화적인 측면의 이상을 가리킨다. 전자는 '일'로 나타나며, 민족 공동체의 구체적인 사업이 된다. 후자는 '이론'으로 나타나며 민족 문화의 초월적인 근거가 된다.

하지만 학문의 현실적인 관심이든 궁극적인 목표든 한 가지 기준을 가지게 마련인데, 이것이 바로 순자가 말한 '정당성當'이다. 물론 묵가, 도가, 법가 등 각 사상가의 각 유파들은 분명히 모두 자신이 주장하는 '정당성'을 가지고 있다. 그러나 순자가 처했던 시대는 가히 '몰락의 시대'라 칭할 수 있었다. 순자 자신의 말로 설명한다면, "지금 이 시대(전국시대)를 틈타 잘 꾸민 사악한 학설, 그럴 듯한 간사한 주장이 천하를 어지럽히며, 우매한 백성들을 속이며 미혹하고 있다. 그 간교하며 간사하고, 괴이하며 저속한 말들은 천하의 백성들을 혼돈에 빠뜨리고, 옳고 그름의 원칙과 난리를 다스리는 근원에 무지하도록 만들었다. 지금 이미 이런 사람이 생겨났다. 假今之世, 飾邪說, 文奸言, 以梟亂天下, 矞宇嵬瑣, 使天下混然不知是非治亂之所存者. 有人矣"《순자·비십이자》

그 시대는 백가쟁명의 '번영'이 지나간 후, 극도의 정신적인 빈곤이 조금씩 드러나고 있었다. 이 중에서 가장 두드러진 인물이 바로 변론에 능한 혜시惠施와 등석鄧析 등이었다.

순자는 비록 맹자, 묵자를 힘껏 반박했지만 맹자와 묵자는 순자와 입장과 관점에 있어 서로 다를 뿐이다. 본질적인 면에서 보자면 그들의 학설은 순자와 마찬가지로 농후한 현실적 관심과 궁극적 목적의식을 가지고 있다.

그러나 혜시, 등석 등의 무리는 그저 변론을 위한 변론을 할 따름이었다. 비록 기발한 생각이 돋보이기는 하지만 총명함이 드러날 뿐 정신적, 지성적 탐구는 찾아볼 수 없다. 장자는 혜시를 "다른 사람을 말로 이기는 것을 통해 이름을 얻으려 한다. 欲以勝人爲名"고 비꼬았으며, 유흠劉歆은 등석을 "맞는지 틀리는지 모를 아리송한 관점을 가지고 수도 없이 많은 말을 만들어 준비한다. 操兩可之說, 設無窮之詞"고 비난했다.

이런 비난들은 옳고 그름이 없으며 시비가 부정확한 그들의 입장을 설명하고 있다. 그들은 그저 개념 놀이에 심취해 수단과 방법을 가리지 않고 명성을 구하며, 그 시대에 언변이 뛰어나다는 영예를 얻으려 안달할 뿐이었다. 그러므로 순자는 그들을 이렇게 평가했다.

"고대의 영명한 군주를 따르지 않고 예의를 준수하지도 않으면서 허무맹랑한 말을 연구하기를 좋아하고 기발하고 화려한 말장난을 즐긴다. 생각은 열심히 하지만 전부 쓸모가 없고 변론은 재미있지만 전혀 현실에 부합하지 않아 일은 많이 벌여도 효과는 매우 적을 뿐이다. 만일 이렇다면 이런 말들은 나라를 다스리는 강령으로 삼을 수 없다. 不法先王, 不是禮義, 而好治怪說, 玩奇辭, 甚察而不惠, 辯而無用, 多事而寡功, 不可以爲治綱紀."《순자·비십이자》

'선왕', '예의' 등은 순자 자신의 '정당성'의 기준이므로 당연히 모든 사람의 동의를 받을 필요가 없었다. 그러나 허무맹랑한 말을 연구하고 기발하고 화려한 말장난을 즐기며, 언변으로 다른 사람을 이기는 것으로 득의양양하고, 그런 식으로 어디서든 명성을 얻기 원하는 현상은 세상을 속여 정당하지 않은 방법으로 명예를 도둑질하려는 명가 사상가들의 본질적인 욕구를 잘 드러내주고 있다.

비록 어떤 이들은 명가 역시 '100% 이론을 통한 즐거움'을 보여줄 수 있다고 말하지만, '예의에 부합하지 않는 난해한 일'을 하는 행동, '예의에 부합하지 않는 통찰'이 돋보이는 학설들이 단순히

상패한 순자, 현대인을 꾸짖다

'명예'만을 위한 것이라면, 이런 식의 '100% 이론을 통한 즐거움'
은 결국 최종적으로 문화적 성과를 맺는 긍정적인 의미를 가질
것이다.

그러나 단순히 한 개인의 사사로운 이익을 위해 힘써 '명예'를
구한다면 다사다난한 시대에 가정과 국가, 천하의 현실적인 관심
과 궁극적인 목표를 논하기는커녕, 적어도 이론의 품격 면에서도
'개인 명예 추구'라는 에누리를 해야 할 것이다.

【 원문 】

君子行不貴苟難, 說不貴苟察, 名不貴苟傳, 唯其當之爲貴. 〈불구〉

【 해석 】

군자의 행동은 예의에 부합하지 않는 난해한 일로 귀하다 높임 받지 않는
다. 학설은 예의에 부합하지 않는 통찰로 귀하다 평가 받지 않는다. 명성은
예의에 부합하지 않는 전파로 귀하다 여김 받지 않는다. 오직 예의에 부합
하는 것이라야 귀하다 여김 받을 수 있다. 〈불구〉

❰ 거의 기대할 수 없는 일 ❱

성인은 만물의 이치를 끝까지 궁구하며,
왕자는 예법의 제도를 끝까지 궁구한다.
聖也者, 盡倫者也, 王也者, 盡制者也

비록 순자와 맹자가 '인성은 선한가, 악한가?' 라는 문제 때문에 서로 등을 돌리다시피 했다고는 하지만 엄격하게 말한다면 순자와 맹자는 둘 다 이상주의자라고 할 수 있다. 그들 간의 차이점이라면 맹자는 좀 더 극단적이고 순수한 이상에 치중했고 순자는 좀 더 현실적이었다는 것뿐이다.

순자의 이상주의는 사회적, 정치적인 면에서는 조화롭게 하나가 되는 군집생활을 예의로 다스리는 왕도를 핵심으로 하며, 도덕적인 인격 면에서는 성인의 이상으로 나타난다.

맹자에게 있어 성인이란 '인륜의 극치'라고 할 수 있지만 성인과 범인 사이에 넘지 못할 큰 격차는 존재하지 않는다. 성인 역시 사람이요. 보통사람과 마찬가지로 욕망을 가진 존재일 뿐이다.

다른 점이 있다면 성인은 군중 중에서 뛰어난 인물의 대표라는 것이다.

그러나 순자에게 있어 성인이란 '인륜의 완벽한 화신'으로 지혜의 상징일 뿐 아니라 도에 통달한 인물이기 때문에 자유롭고 다함이 없는 임기응변이 가능하다.

맹자와 마찬가지로 순자 역시 길가는 보통사람도 요순이 될 수 있으며 성인은 많은 무리 가운데서 나온다고 믿었다. 그러나 맹자와 순자 두 사람은 성선설과 성악설 문제에서 큰 차이를 보였다.

이 때문에 맹자는 사람이 성인이 되려면 다른 길이 없고(만물이 모두 내게 준비되어 있기 때문에 萬物皆備於我) '자신을 반성해 자신의 진실함에 이르러' 자신에게 내재한 어진 마음과 선한 품성을 더 크게 만든다면 성인의 경지에 이를 수 있다고 여긴 반면, 순자는 성인이 될 수 있는 이유는 어디까지나 마음을 하나로 모아 온 마음을 다하고 사색과 깊이 있는 성찰로 자신의 본성에 인위적인 노력을 끊임없이 기울인 결과라고 보았다.

그러므로 원칙상, 누구라도 열심히 공부하며 부단히 '선'을 쌓아나가기만 한다면 모두 이상적인 성인이 될 수 있다고 할 수 있다. 물론, 누구나 우 임금이 될 수 있다는 말은 모든 사람이 전부 우 임금이 될 수 있다는 뜻은 아니다. 그러나 이런 점 때문에 순자는 또 다른 각도에서 힘을 다해 '스승의 법도를 본받음'과 '학습'의 중요성을 외치게 되었다.

그러나 엄격하게 '천성'의 각도에서 본다면, 예의와 법도는 성인의 인위적인 노력에서 탄생하는 것이지 사람의 본성에서 생겨나는 것이 아니다. 즉, 사람의 인성 속에는 사람이 성인이 될 수 있는 근거를 찾을 수 없다는 것이다. 외재적인 의와 경험적인 의만을 구비했기에 머우쭝싼 선생은 이렇게 말했다.

예의와 법도를 이루기 위한 성인의 인위적인 노력은 그의 도덕이 아니라 그의 재능에 달려 있는 문제다. 천성 중에는 이런 요소가 없다. 그러나 재능에만 달린 문제라면, 예의를 이루기 위해 인위적인 노력을 하는 성인은 거의 기대할 수 없고, 예의를 이루기 위한 인위적인 노력도 거의 기대할 수 없다. 그렇다면 예의는 보장될 수 없고 그 필연성과 보편성도 상실하게 된다. 예의는 비록 배울 수 있지만, 만일 뭇사람의 천성 속에 이런 요소가 없다면 가능하다는 말은 할 수 있을지라도 반드시 그러할 지는 미지수이다. 재능의 유무의 문제라면 인간에게 근본적으로 이런 재능이 없을 경우 뭇 사람은 근본적으로 '예의와의 인연'이 없는 것이다.

그러나 이것 역시 '천성'적인 면에서 본 주장일 뿐이기에, 순자는 완벽하게 자기변호적인 입장에서 이야기할 수 있다. 인간이 인간이 될 수 있는 것은 의로움과 변별능력을 가지고 있으며 무리를 짓고 등급을 구분할 수 있기 때문이다. 또한 이런 것들은 사람이라는 완전한 개념으로 말한다 해도 자연적인 것이다. 그렇

상패한 순자, 현대인을 꾸짖다

지 않다면 '어떻게 성인이 출현할 수 있는가?'라는 문제는 진짜 문제가 되어버릴 것이다.

█ 大聖者, 知通乎大道. 應變而不窮, 辨乎萬物之情性者也. 〈애공〉
聖也者, 盡倫者也, 王也者, 盡制者也. 〈해폐〉
聖人, 備道全美者也, 是縣天下之權稱也. 〈정론〉

해 석

█ 위대한 성인이란 지혜롭고 대도를 잘 알고 있으며, 자유롭게 임기응변하지만 다함이 없고, 만물의 성정에 대해 분명한 판별을 할 수 있는 사람이다. 〈애공〉

성인은 만물의 이치를 끝까지 궁구하며, 왕자는 예법의 제도를 끝까지 궁구한다. 〈해폐〉

성인은 도에 완전히 속한 완전무결한 사람이요, 천하의 권세를 족히 평가할 수 있다. 〈정론〉

▌ 이름의 의미 ▌

실재하는 물건을 이해할 수 없을 때에는 이름을 짓는다.

實不喻, 然後命

어느 날 소크라테스가 산책을 하고 있는데, 제자 한 명이 그를 찾아왔다. 소크라테스는 이 제자에게 물었다.

"긍정적이며 적극적인 덕성으로서, 솔직함을 어떻게 정의해야 할까?"

제자가 대답했다.

"솔직함이요? 거짓말을 하지 않고 다른 사람을 속이지 않는 것이죠."

소크라테스는 이어서 물었다.

"만일 솔직함이 다른 사람을 속이지 않는 것뿐이라면 자, 이것은 어떤가? 약을 먹기 싫어하는 아이가 병이 났다네. 자네가 그 아이에게 이것이 약이라고 알려준다면 아이는 약을 절대로 먹지 않겠지. 병은 나을 수 없을 테고. 하지만 이것이 달콤한 사탕이라고 알려준다면 아이는 얼른 약을 받아먹고 병은 금방 낫게 될거야. 그렇다면 이건 도대체 솔직함일까 아닐까?"

소크라테스에게 있어 솔직함은 일종의 개념이었다. 즉 순자가 말한 '이름'과 같다. 만일 개념에 대한 분명한 정의를 내리지 못한다면, 솔직함이 무엇인지 영원히 이해하기 어려울 것이다. 소크라테스는 개념을 분명히 하고, 정의를 정확히 해서 당시 혼란스러웠던 도덕적인 명언들을 정정하며, 이로써 선악과 시비의 확실한 기준을 세워 사람의 행동에 유용한 근거를 만들기를 원했다. 이 과정은 순자가 힘써 이름을 바르게 하고자 한 뜻과 어느 정도 비슷하다고 할 수 있다.

순자가 말한 '이름을 바르게 함正名'은 논리적인 개념이라고 할 수 있다. '이름'이란 실질적으로는 대상의 부호를 일컫는다. 이런 부호는 우리의 언어 세계 속에도 나타난다. 그러므로 이름의 사용이 정확하고 적당한지 여부는 우리의 언어와 생각의 세계 속 내용에 족히 영향을 미친다.

공자는 솔선하여 '이름을 바르게 하자'는 의견을 제기했다. 즉, 임금과 신하, 아버지와 아들은 각자 그 직분에 맞도록 행동해야 한다. 이것은 비논리학적이지만 윤리학적인 정명이다.

순자의 시대에 정치는 무능하고, 간사한 말들은 괴상한 뜻으로 발전하여 이름의 일반적인 규칙을 지키지 않았다. 반면 혜시, 공손룡公孫龍 등의 무리는 기묘한 말놀음에 더욱 열중하고 괴설을 퍼뜨리며 이름과 실재하는 사물 간의 관계를 순식간에 혼란에 빠뜨렸다. 사람들은 옳은 것이 어떤 것인지 그른 것이 어떤 것인지 아리송해졌다.

"법을 지키는 관리들이 유가 경전을 수없이 외우고 있지만 역시 무지하고 혼란스럽기는 마찬가지다. 雖守法之吏, 誦數之儒, 亦昏亂也"라는 말처럼, 법을 지키는 관리 역시 어떤 것을 지켜야 하는지 판단을 내리지 못하고 공부를 하는 선비 역시 자신이 공부한 책에 대해 알지 못했다.

이 때문에 순자는 이름을 바로잡는 것은 학술적으로 비정통적인 학설을 바로잡는 것뿐 아니라 정치적으로도 정치 원리에 도움을 줄 수 있다고 보았다. 이름으로써 이름을 어지럽게 하는 것, 실재 사물로써 이름을 어지럽게 하는 것, 이름으로써 실제 사물을 어지럽히는 망령된 행동들은 모두 척결의 대상이었다. 순자의 기개를 보자면, 그 역시 이름을 바르게 하는 방법으로서 세상 사람들에게 '진정한 왕자가 다스리는' 맑은 세상을 창조해 주려 노력했던 것 같다.

그러나 다시 말하자면, 선진 제자들 중에서 순자의 지식론은 면밀하고 상세하여 그를 따라올 만한 사람이 없지만, 그 역시 다른 모든 유학자와 마찬가지로 이론의 실용적인 가치를 너무나 중시하는 잘못을 저질렀다. 그는 혜시, 공손룡 등 순 이론적인 개념의 추단 연역을 실시한 사람들에 대해서는 기괴하고 비정통적인 학설이라 반박하며, 일말의 긍정이나 동정조의 인정조차 해주지 않았기 때문에 이 점은 분명한 잘못이라고 할 수 있다. 이성과 지혜가 넘치는 순자 역시 이러했다니, 이점만 보더라도 유가 사상이 과학을 위해 과학을 연구하는 전통을 창조하지 못한 것은 지극히 당연한 일이었음을 알 수 있다.

【원문】

實不喻, 然後命; 命不喻, 然後期; 期不喻, 然後說; 說不喻, 然後辨. 故期、命、辨、說也者, 用之大文也, 而王業之始也. 〈정명〉

王者之制名, 名定而實辨, 道行而志通, 則愼率民而一焉. 〈정명〉

【해석】

실재하는 물건을 이해할 수 없을 때에는 이름을 짓는다. 이름을 지은 후에도 이해할 수 없을 때에는 파악할 시간을 두고 이 이름이 가리키는 뜻을 알 때까지 기다린다. 그래도 이해할 수 없을 때에는 설명을 한다. 설명으로도 알 수 없을 때에는 반복적으로 변론을 한다. 그러므로 기다림, 명명, 변론, 설명은 인류 문화에 큰 작용을 했으며 또한 군왕이 정치를 베푸는 기점이기도 하다. 〈정명〉

군왕은 사물의 명칭을 제정한다. 명칭이 정해지면 사물은 변별이 가능하다. 명칭을 제정하는 도리가 실행이 된 이상 위와 아래는 서로 의사소통이 가능하고 정부는 백성들이 한 마음으로 준수하고 함부로 변경하지 않도록 신중히 지도한다. 〈정명〉

대자대비의 마음으로
법륜을 돌린다

비록 말이 어눌하더라도 뜻은 좌우되지 않고,
비록 이익을 추구하지만 물욕에 휘둘리지 않으며,
공정함을 존중하며 원칙이 없는 말싸움을 천시한다.
咄而不奪, 利而不流, 貴公正而賤鄙爭

언제부터 시작된 일이지는 모르겠지만 우리의 학술 논쟁은 이미
점차 양 극단으로 발전해가고 있는 것 같다. 한 극단은 자기 주장
이 옳다는 것을 증명하려고 하다가 대의명분의 논쟁이 되는 것이
며, 또 다른 극단은 좋은 말만 하려 하다 보니 시비를 가리기는커
녕 심지어 원칙 없는 아부로 치닫는다는 것이다.

이런 현상의 역사는 인류의 역사와 마찬가지로 유구할 것이
다. 다른 점이 있다면 정도의 차이뿐이다.

그러나 적어도 순자는 어질고 지혜로운 대자대비와 용기로서
시대에 영원히 뒤떨어지지 않을 변설의 '원칙'을 세웠다.

순자는 변설을 매우 중시했지만 변설 중에도 시종일관 어진

마음을 멈추지 않았다. 그러나 변설의 목적은 도를 밝히고 먹줄을 당겨 곡직을 정하는데 있기에, 황당한 말과 비정통인 학설은 포함할 수 없었다. 순자가 볼 때, 선비군자의 변설은 응당 적당한 사양이 필요하며, 나이가 많은 사람과 적은 사람은 진퇴의 예에 순응하고 황당하고 불손한 언사를 피해야 했다.

변설의 목적은 승부를 가리기 위해서가 아니라 이치를 설명하고, 마음을 비워 상대방의 의견을 듣는 것이며, 당파나 편 가르기 혹은 선입관 없이 오직 이치에 따라 순응하는 것, 이런 것들이 우리가 변설을 통해 진리를 깨닫고 성장의 가능성을 기대할 수 있는 부분이다. 머우쭝싼 선생은 이에 대해서 다음과 같은 해석을 덧붙였다.

천하가 어지럽고 간사한 말이 일어나며 비정통적인 학설이 끊임없이 출현하므로 변설이 필요하다. 《순자 · 비상편》에서는 말한다. "고대의 성왕들을 본받고 예의를 존중하며, 학식과 재능이 있는 사람을 친근히 하지만 자신은 이야기하기 싫어하고 말하기 원하지 않는 사람이라면 진정 지식 있는 선비라고 할 수 없다. 法先王, 順禮義, 黨學者, 然而不好言, 不樂言, 則必非誠士也"

맹자 역시 말했다.

"내가 어째서 논쟁을 좋아한단 말입니까? 나는 어쩔 수 없어서 논쟁할 뿐입니다. 予豈好辯哉? 予不得已也"

무엇을 어쩔 수 없다는 것인가? 어진 마음은 그칠 수 없다는 것이다. 정성을 다한 마음이 없으면, 곧 어질지 못한 마음이 된다. 그러므로 변설은 어짊에 뿌리를 두고 있으며, 어짊은 변설의 가장 큰 근본이 된다. 그 다음이 지혜이다.

《순자·대략》편에서는 말한다. "지혜로운 사람은 사리에 밝으며 숫자에 통달한다. 智者明於事, 達於數" 또 말하기를 "굴러다니는 구슬은 우묵한 그릇 속에 들어가면 멈추게 되어 있고, 근거 없는 소문은 지혜로운 사람에게 이르면 멈추게 되어 있다. 流丸止於甌臾, 流言止於智者"고 했다.

온갖 잡설을 끊어내고 각종 미혹과 어지러움을 정리하며, 스스로 깨달음을 얻고 남에게 깨달음을 주며, 사악함과 독소를 제거하는 이 지혜의 빛은 온 세계를 비추는 빛이다. 지혜의 용도는 첫째, 이름의 원리를 지켜주며, 둘째, 순서를 밝혀준다.

무엇인가를 아는 사람은 지성에 속한다면, 그 무엇인가는 초지성에 속한다. 지성의 범위 안에서 논리학과 수학은 큰 규모를 자랑한다. 그러므로 이름으로 이름을 어지럽히거나, 실제로 이름을 어지럽히는 일, 혹은 이름으로 실제를 어지럽히는 일을 해서는 안 되며, 엉뚱하고 괴상한 궤변은 윤곽이 드러나게 된다.

어질고 지혜로우면 큰 용기가 생겨나며 호연지기에 이르게 된다. 그러므로 최후에는 용기가 생긴다. 순자는 말했다.

"뭇 사람의 비방과 칭찬에 동요되지 않으며 화려한 말로 타인의 귀와 눈을 가려 타인의 환심을 사지 않으며, 재물로서 부귀한 사람의 권세를 매수하지 않고 괴상하고 세속적인 아름다운 말을 이용하지 않는다."

이것이 바로 용감함이다. 맹자는 말한다.

"나는 말을 판단하고 분석하는 법을 알고 있으며, 나의 호연지기를 배양하는 데에 능하다. 我知言, 我善養吾浩然之氣"

말을 판단하고 분석할 수 있다는 것이 지혜이며, 호연지기는 큰 용기이다.

《논어·자한子罕》편에 따르면 공자는 제자 자로와 광匡 지역을 지나다가 그 땅에 자주 출몰하던 반란폭도 양호陽虎 일당인 줄 오해한 사람들에게 포위를 당한 적이 있었다. 그 때 공자는 두려웠지만 "이 광 사람들이 나를 어떻게 할 수 있겠는가! 匡人其如予何!"라고 했고, 또 "하늘을 원망하지 않고, 사람을 탓하지 않으련다. 나는 평범한 지식을 배웠지만 그중에서 고상하고 깊이 있는 이치를 깨달았다. 나를 알 수 있는 것은 아마 하늘뿐인 것을! 怨天, 不尤人, 下學而上達, 知我者其天乎!"이라고 말했다.

이는 자신에 대한 믿음과 자신에 대한 긍정이었다. 올곧은 가치를 붙잡고 달려온 길에 헛된 행동은 더욱이 없었으므로 그는 마음이 자유롭고 두려움과 공포를 벗어날 수 있었다. 자유, 자재, 두려움과 공포의 극복, 평상심으로 이야기하며, 평상심으로 분별하는 것, 스스로 공포에서 벗어나고, 또한 타인의 공포를 풀어줄 수 있는 행동, 이것이야말로 덕이 주는 최고의 지혜이다.

以仁心說, 以學心聽, 以公心辨, 不動乎衆人之非譽, 不治觀
者之耳目, 不賂貴者之權勢, 不利傳辟者之辭. 故能處道而
不貳, 咄而不奪, 利而不流, 貴公正而賤鄙争, 是士君子之辨
說也. 〈정명〉

【 해석 】

어진 마음으로 타인을 깨우치는 데 힘쓰고 언변에 의지하지 않으며, 떨리
는 마음으로 타인의 의견을 귀 기울여 들으며 공정한 태도로 타인의 말의
시비를 분별하되 뭇 사람의 비방과 칭찬에 동요되지 않는다. 화려한 말로
타인의 귀와 눈을 가려 타인의 환심을 사지 않으며, 재물로서 부귀한 사람
의 권세를 매수하지 않고 괴상하고 세속적인 아름다운 말을 이용하지 않
으며, 타인의 마음을 흡족하게 해 듣게 되는 칭찬을 구하지 않는다. 이렇게
하면 바른 도를 지켜 두 마음이 되지 않을 수 있다. 비록 말이 어눌하더라
도 뜻은 좌우되지 않고, 비록 이익을 추구하지만 물욕에 휘둘리지 않으며,
공정함을 존중하며 원칙이 없는 말싸움을 천시한다. 이것이 바로 선비군
자의 변설이다. 〈정명〉

경전이란 본래 생생하게 살아있는 생명의 체험이다. 그래서 몇천 년의 시간이 흘렀다 할지라도 오늘날의 삶에 여전히 훌륭한 의미를 전달해주는 것이다. 지식을 과시하려는 사람이 경전을 해석하면 종종 간단한 문제도 너무나 복잡하게 만들어 문외한들은 가까이 다가가기가 힘들고, 보통사람이라면 더욱 뒷걸음질 치도록 만들고 만다.

이 고전 시리즈는 경전에 대한 새로운 접근법을 제시하고 있다. 고대중국의 대표적인 경전에서 가장 의미 있고 가장 현대인의 생활에 근접한 구절을 선정한 후 적용범위를 확대해 번잡하고 할 일 많은 독자에게 꼭 필요하고 알맞은 다이제스트 판으로 제공하고 있다. 그러므로 본 시리즈는 독자들을 깊이 있는 사색의 세계로 초대할 뿐 아니라 정확한 인생길로의 지도를 돕고 있다.

매 시리즈의 체제는 서로 조금씩 다르기 때문에 어떤 글은 한 구절씩 해석을 해놓았고 어떤 글은 엄선된 몇 구절로 한 주제를 이루어 이야기하는 반면, 어떤 구절은 본문의 해석 속에 '감춰져' 있는 경우도 있다.

이 시리즈 총서는 비록 적지만 작가 군에는 학술계의 명사들이 운집해 있다. 경전에 대한 깊이 있는 연구로 특별한 인생의 깨달음을 얻게 된 그들은 독자들을 이끌어 역사를 넘나들며 선현들과 대화하고 이야기하고 충돌하게 될 것이며, 이는 분명 매우 유쾌한 정신적 여행이 될 것이라 믿어 의심치 않는다. 이 총서를 '경전읽기 시리즈'라고 부른 이유도 독자들이 이 작은 책을 통해 심신의 즐거움을 만끽할 수 있기를 바라기 때문이다. 독자 제현의 유쾌한 책읽기를 바란다.

순자, 그 사람 그 책

순자의 이름은 황況이며, 순경荀卿 혹은 손경孫卿이라 불리기도 한 전국시대 후기 조나라 유학자였다. 사마천의《사기史記》에는 순자에 관해 이런 기록이 남아 있다.

순경, 조나라 사람. 나이 오십 무렵에 처음으로 제나라에 와서 공부를 했다. 제 양왕襄王 시기에 가장 권위 있는 스승으로 추대 받았다. 제의 상수商脩에게 사사했으며 대부의 자리가 비어 이를 담당하며 세 차례에 걸쳐 제주祭酒(연회 시에 신에게 술을 따라 바치는 가장 존경 받는 연장자)의 직을 맡았다.

제나라 사람이 순경을 참언으로 모함하자 이를 피해 초나라에 갔으며 춘신군春申君에 의해 난릉령蘭陵令에 임명된다. 춘신군이 피살된 후, 순경의 직위는 폐해지고 결국 다시 난릉으로 돌아온다. 진시황의 승상으로서 군현제 실시, 문자·도량형의 통일 등 통일 제국의 확립에 공헌했던 이사李斯는 그의 제자였다.

순경은 세속적이고 혼탁한 정치를 혐오했다. 당시 망해가는 나라에는 혼군이 짝을 이루며, 사람들은 큰 도를 따르지 않고 무속 신앙을 행하며 구복술을 믿었다. 또한 눈곱만한 이익에 집착하는 비루한 유학자 혹은 장자의 무리처럼 황당무계한 말로 세상을 어지럽히는 이들이 넘쳐났다. 그리하여 순자는 유가, 묵가, 도가의 장점과 단점을 종합해 수만 자에 달하는 저작들을 차례로 남기고 세상을 떴다. 그는 난릉에서 장사치러졌다.

순자의 정확한 생몰 연도와 일자는 알 수 없다. 《순자 연표荀子年表》를 제작한 왕중汪中은 순자 일생의 주축을 이루는 중대 사건들은 조 혜문왕惠文王 원년에서부터 조 도양왕悼襄王 7년, 즉 BC 289년에서 BC 238년 사이에 발생했다고 주장했다. 하지만 이 견해에 대한 이견이 여전히 분분하다.

또 순자가 정말로 '나이 오십 무렵에 처음으로 제나라에 와서 공부를 했는지'에 대해서도 다양한 주장이 제기되고 있다. 유향劉向은 《손경 신서 서록孫卿新書書錄》에서 사마천의 관점에 찬성했다. 하지만 여러 학자들은 이와는 다른 의견을 제기하고 있다. 예를 들어 응소應劭는 《풍속통風俗通》에서, 조공무晁公武는 《군재독서지郡齋讀書志》에서, 왕응린王應麟은 《옥해玉海》에서, 《사기》에서 말한 '오십'은 '십오'의 오기라고 보았다.

순자가 구체적으로 누구에게서 사사를 받았는지 역시 알려지지 않고 있다. 그는 공자를 숭상했으며 그의 저서에서 '자궁子弓'이라는 사람이 여러 차례 언급된다. 혹자는 자궁이 《논어》에 나오는 '중궁仲弓'이 아닌가 추측하기도 하지만, 오늘날 중궁이 어떤 유파의 학문을 추구했는지 아는 사람은 아무도 없다. 다만 대략적으로 추측해보건대, 대 통일 제국의 전야에 살았던 순자는 제, 초, 조, 진 등 여러 국가를 유람했으며, '타인에게 승리하는 세력에 처하며, 이로써 타인에게 승리하는 도를 행하는 處勝人之勢, 以行勝人之道《순자·강국强國》 포부를 가졌음을 알 수 있다.

순자는 오랫동안 직하稷下에서 강의를 했다. 당시 직하는 백가쟁명의 중심지로서 각 유파는 그곳에서 저서를 집필하고 학설을 세우며 이론을 전파했다. 각 유파로부터 깊은 영향을 받았던 순자는 백가의 장점을 모두 아우르는 특징을 보여준다. 하지만 백가의 장점을 아울렀다는 것이 자기만의 주장이나 입장, 사상적 구조가 없다는 뜻은 결코 아니다. 그는 각 사상과 유파의 견해를 진지하게 회의했고 변론했으며 비판했다. 더욱 중요한 것은 의심의 여지없이, 공자의 유학을 발전시키고 완성하며 구조화한 사람이 바로 순자라는 점이다.

《순자》의 표현양식은 기록체요, 어록체인 《논어》, 《맹자》와는 완전히 다른 형식을 취하고 있다. 앞부분의 24편은 논설체로 각 편의 주제가 분명하며, 논술은 주제를 중심으로 전개된다. 제25편은 운문체이고 제 26편은 부賦체, 마지막 6편은 기록체와 어록체로 구성된다. 일반적으로 앞부분의 26편은 순자 자신이 기록했으며 마지막 6편은 대부분 순자의 제자들이 순자의 가르침과 관련해 남긴 기록이라고 여겨진다.

순자는 인성의 선악, 하늘과 인간의 관계, 왕도와 패도, 그리고 의리 사상, 선왕과 후왕, 시서예의詩書禮義 등 모든 면에서 새로운 학설을 전개했으며 맹자의 발자취를 뒤따라가지 않고 오히려 공자의 손자 자사子思에 의해 주창된 사학파思學派와 맹자의 잘못된 이론에 맹공을 퍼부었다.

어떤 이는 맹자는 공자 유학의 정통 후계자이니 맹자와 순자 간에는 우열이 분명하다고 주장한다. 한 문제文帝 당시, 맹자는 이미 학교 교육을 책임지는 학관學官으로 재직해 학문을 전수했으며, 동한 시대에 이미 조기趙岐가 맹자의 주석서를 저술할 정도였다.

그러나 이와 비교해 볼 때《순자》는 거의 천 년 간 사장되어 있다가 당나라 시대에 양경楊倞의 주석서가 처음으로 출현하는 정도다. 송나라와 명나라 시기에 들어서는 순자를 탄압하고 맹자를 숭상하는 기풍이 유례없이 심해졌다. 특히 명나라 가정 9년, 공자 사당에 모셔진 유가 여러 성현의 위패들 중에서 순자의 위패는 완전히 퇴출되고 만다.

그 후 청나라 중엽에 이르러서야 순자를 연구하고 주석을 다는 학자들이 급격히 증가하게 된다. 그 중에는 왕중, 학의행郝懿行, 노문초盧文弨, 왕념손王念孫, 유월俞樾 등이 있으며 특히 왕선겸王先謙의《순자집해荀子集解》는 가장 완벽하고도 상세한 주석서로 유명하다.

《순자》는《한서漢書·예문지藝文志》에 33편이 실려 있으며 서한시대 유향의 《손경 신서》는 32편으로 정리되어 있다. 현재 전해져 내려오는 판본은 당나라 양경의 주석본으로, 20권 32편으로 구성되며 편목과 편명은 바꾸지 않았지만 앞뒤 순서는 새롭게 편집되었다.

가장 널리 알려진 통행본은 송나라 대주臺州의 판각본인 《고일총서古逸叢書》본, 명나라 고씨顧氏 세덕당世德堂 판각본인 《육자전서六子全書》본, 청나라 건륭 연간의 《사고전서四庫全書》 필사본 및 광서 연간 장사 사현강사에서 판각한 왕선겸의 《순자집해》본이 있고, 최근에는 1956년에 북경 고적출판사가 출간한 량치슝梁啓雄의 《순자간석荀子簡釋》본(1983년에 중화서국 출판으로 개편), 1979년에 대만 학생서국에서 출판한 리디셩李滌生의 《순자집석荀子集釋》본 등이 유명하다.

둥팡숴東方朔

상쾌한 순자
현대인을 꾸짖다

2012년 6월 15일 초판 1쇄 인쇄
2012년 6월 25일 초판 1쇄 발행

지은이 순자(荀子)
해설 둥팡쉮(東方朔)
옮긴이 이성희
편집주간 이화승
교정 홍미경, 이혜림, 이준표
제작 서동욱, 이경진
영업기획 한충희, 이장호
영업관리 윤국진
디자인 이창욱
발행인 이원도
발행처 베이직북스
E-mail basicbooks@hanmail.net
주소 서울 마포구 동교동 165-8 LG팰리스 1508호
등록번호 제313-2007-241호
전화 02) 2678-0455
팩스 02) 2678-0454
ISBN 978-89-93279-49-8 03150
값 13,000원

*잘못된 책이나 파본은 교환하여 드립니다.